suncolor

suncolor

Courage Is Calling

Fortune Favors the Brave

勇氣在召喚

幸運之神眷顧勇者

RYAN HOLIDAY

萊恩・霍利得／著

尤采菲、李之年／譯

suncolor 三采文化

勿待他人來召喚吾等建立偉績。

應一馬當先，

號召他人前往榮譽之途。

彰顯第一勇將風範，

證明你自己比當前領袖更有資格率領眾人。

——色諾芬（Xenophon）

目次

第二部／勇氣

第三部／英雄

四樞德

很久以前，海克力士（Hercules）來到了人生十字路口。在希臘山丘一處靜謐的交叉口，在樹瘤盤結的松木林蔭下，這位希臘神話中偉大的英雄，生平頭一次與他的命運相遇。究竟是何時何地，無人知曉。

這場命運邂逅在蘇格拉底（Socrates）的故事中時有所聞，也刻劃在文藝復興精美無比的藝術作品裡。我們可從經典巴哈清唱劇感受到海克力士越發充沛的力量、健壯的肌肉及其所承受的痛苦。若一七七六年約翰．亞當斯（John Adams）堅持己見，那麼面對人生關卡的海克力士的英姿，早就在新建國的美國公章上永垂千古了。

因為當時海克力士尚未建立不朽名聲、尚未完成十二偉業、尚未改變世界；他在那裡面臨了危機，足以顛覆他人生、真實無比、前所未有的危機。他將被引領至何方？他想去何方？這才是故事的重點。孤身一人、默默無名、惴惴不安，海克力士跟許多人一樣，自己也不知道。

十字路口出現了一位絕美女神，百般引誘他。光鮮亮麗的她身著華服，承諾賜予他輕鬆愜意的一生。她發誓他將永遠不會嘗到匱乏、不快、恐懼或痛苦的滋味。她說，只要跟隨她，她會滿足他所有欲望。

另一條路則佇立著另一位女神，神情較為嚴肅，一身純白長袍，說話輕聲細語。她只承諾唯有勤奮努力才能享受成果。這會是一條漫漫長路，她說。途中不免有所犧牲，也有令人驚恐的時候，但這才是身為一名神祇該踏上的道路。如此，他將成就偉業，不負祖先所望。

這是真的嗎？這是實際發生過的史實嗎？

若只是傳說而已，那還重要嗎？

當然重要，因為這攸關我們的故事、我們的兩難、我們自身的十字路口。

對海克力士而言，他得在惡習與德行兩者之間做抉擇。要選輕鬆的做法，還是艱難的做法；要選熙來攘往的路，還是人跡罕至的路。我們所有人都會面臨如此抉擇。

海克力士僅猶豫一下子，便選擇踏上那條引向不凡人生的路。

他選了德行。

「德行」聽似老掉牙沒錯。但德行——arete——可譯作簡單無比且永不過時的詞語：卓越。道德層面的卓越；生理層面的卓越；心理層面的卓越。

在遠古的世界，德行乃由四要素所組成。

勇氣。

節制。

正義。

智慧。

哲學家皇帝馬可・奧理略（Marcus Aurelius）稱之為「女神的試金石」。對眾人而言，此為四樞德，四項近乎放諸四海皆準的理想，不只為基督教和大部分西方哲學所遵循的真理，佛教、印度教及幾乎所有你所能想到的其他哲學，亦視其為珍寶。路易斯（C. S. Lewis）表示，它們之所以被稱作「樞」德，並非因為來自教會權威，而是因為源自拉丁文 cardo，為樞紐之意。

樞紐**至關重要**，是那扇通往美好人生的門所倚重之物。

它們也是這本書及這系列書籍的主題。

四本書；四樞德。*

一個目標：幫助你抉擇……

勇氣、膽量、堅韌、榮譽、犧牲……

節制、自律、克己、從容、平衡……

正義、公平、服務、友誼、善良、仁慈……

智慧、知識、教育、真理、自省、平靜……

這些是通往榮譽、榮耀、**卓越**人生的關鍵。約翰・史坦貝克（John Steinbeck）將這些性格特質形容為「使本人舒心且嚮往，在這些特質影響下的行事舉止，他也感到自豪，於心無愧。」但此處的**他**應視為指稱全人類。在羅馬，virtus 這個名詞沒有陰性。德行既非陽亦非陰，不過為**行**罷了。

至今仍是如此，無論你是男是女，無論你體格健壯還是膽小如鼠，是天才還是庸才，德行乃普世法則。

這些德行環環相扣、密不可分，但每項德行各自皆為獨一無二。

做正確的事幾乎總需要勇氣，就像若沒有明白何者值得選的智慧，就不可能做到自律。若無法施於正義，徒具勇氣又有何用？若無法使我們更謙遜，徒具智慧又有何用？

*這是第一本書。

東、南、西、北——這四樞德猶如指南針（指南針的四方位叫做「基本方位」，其來有自）。這四方位指引我們，讓我們得知身在何處、何為真理。

亞里斯多德（Aristotle）說德行如同一種工藝，人用盡一生追求，和追求精通任何職業或技藝毫無二致。「建造使我們成為建築師，彈奏豎琴使我們成為豎琴師，」他如此寫道。「同樣的，行之有義才得以為公正之人，行有節制才得以為自律之人，行英勇之舉才得以為勇敢之人。」

德行是我們的**作為**，是我們所選擇的事。

而這並非一勞永逸，因為海克力士所面臨過的重大抉擇不止一次。這是每天的挑戰，我們會時時刻刻、一再與之相遇。屆時，是要自私還是無私？是要無畏還是畏懼？是要堅強還是軟弱？是要明智還是愚蠢？是要養成好習慣，還是壞習慣？是要勇敢還是膽怯？是要接受無知就是福，還是接受新想法的挑戰？

是要一成不變……還是蛻變成長？

是要選省事的做法，還是正確的做法？

前言

「沒有不可能做到的事；人的一生，就該活得有如英雄事蹟。」

——托爾斯泰（Leo Tolstoy）

沒有什麼比勇氣更珍貴，但它卻極為稀少。事物之所以珍貴，是因為它們相當罕見？是這樣的嗎？或許是。

位列四樞德之首的勇氣並非貴重的寶石。它既非鑽石，歷經數十億年的永恆產物；它亦非石油，須鑽地開採。美德不是有限的資源，只要靠運氣誰都可得手，或僅有某些人可獲取。

並非如此。勇氣更為單純，是源源不絕的，存在於每個人心中，俯拾即是。人在一瞬間就能鼓起勇氣，無論面臨大事或小事；無論是實體之勇，還是道德之勇。鼓起勇氣的機會無窮無盡，甚至每天都有，在職場、在家庭、在各處都有。儘管如此，勇氣卻依舊稀少。

為什麼？因為我們**害怕**。

因為置身事外比較容易。因為我們還有別的事要忙，而且**現在不是時候**。「我又不是軍人。」我們說，彷彿上戰場打仗是世界所需的唯一一種勇氣。

我們寧願待在舒適圈內。我？逞英雄？似乎太自以為是，太荒謬了。勇者讓別人當就好，讓那些更有資格、較訓練有素、豁出去也沒什麼大不了的人逞英雄去。這可以理解，甚至很合理。

不過，要是大家都這麼想，那我們還剩下什麼？

蘇聯異見人士、作家亞歷山大．索忍尼辛（Aleksandr Solzhenitsyn）道：「自古以來，勇氣的衰退一直被都視為走向敗亡的第一個徵兆，這點非得挑明了講才能懂嗎？」

反之，無論是登月還是民權運動，是溫泉關（Thermopylae）之役最後一戰還是文藝復興藝術，人類歷史上最偉大的時刻都有一個共通點：平凡百姓的勇氣。那些豁出去做該做的事的人。那些說出：「**捨我其誰？**」的人。

勇氣是勇氣是勇氣*

長久以來，大家都認為勇氣有兩種：實體之勇和道德之勇。

實體之勇是策馬征戰的騎士，是衝入火場的消防員；是抵抗惡劣天候環境、前往北極的探險家。

道德之勇則是肩負重任的吹哨者，是對無人敢說之話直言不諱、揭露真相的人；是力抗萬難、白手起家的企業家。

軍人的**武勇**和科學家的**智勇**。

然而，誰都可輕易明白，這些其實都是一**樣**的東西。

勇氣有兩種，沒這回事；勇氣只有一種——**冒險犯難的勇氣**。有時是真的犯難，可能會丟了性命；有時犯難是比喻的說法，或關乎金錢。

勇氣是**風險**；

是**犧牲**……

……是**奉獻**

……是**堅持**

……是**真理**

……是**決心**。

是當你做一些其他人不願意或不敢做的事情時，或者當你去做一些別人認為你不應該或不可能做的事情時。否則哪稱得上是勇氣？

你必須勇敢面對**某物**或**某人**。

然而，勇氣仍難以定義。

目睹英勇作為時，我們自然心知肚明，但難以**明言**其究竟為何物。因此，這本書不是為了替勇氣下定義。勇氣比珍稀寶石更為罕見，我們必須從眾多角度檢視。細細觀察其各部位及切割面、完美與瑕疵，才能了解整體的價值。這些不同的視角各個都能提供我們些許見解。

當然，我們並非只為空泛地了解美德才這麼做。如同海克力士，每個人都會面臨自身的人生十字路口。或許我們擔任民選公職；或許我們在職場上目擊了不道德的行

＊編註：這句話是受美國作家葛楚．史坦（Gertrude Stein）的一句名言啟發：玫瑰是玫瑰是玫瑰「A rose is a rose is a rose」，出自她的一首詩〈聖潔愛蜜莉〉（Sacred Emily）。這句話寓意簡單卻又複雜，可能有著多重解釋，但通常被理解為表達事物本身即是它們自身的存在，並且事物的本質和實質不需過度修飾或解釋。

為；或許我們是努力想在這個充斥誘惑的嚴峻世界中，養育出好孩子的父母；或許我們是想實現有爭議性或離經叛道的構想的科學家；或許我們心懷創業宏願；或許我們是上戰場前夕的步兵團步兵；又或者是即將挑戰人類體能極限的運動員。這些處境所呼召的，即為勇氣——實質的勇氣。就是當下。我們有這膽量嗎？勇氣需求呼召時，我們會給予回應嗎？

溫斯頓．邱吉爾（Winston Churchill）道：「每個人的一生中，都會有特別的一刻降臨，彷彿有人輕敲你肩頭，給予你發揮天生獨特的才能、成就大業的機會。若那一刻到來，在本該成為自己最光榮的時刻，當事人卻不知所措或無能為力，實在是不幸啊。」應該說人生有**太多**這類時刻、這類際遇才對。

邱吉爾小時候鮮少得到父母關愛，但他還是堅毅地度過顛簸童年。師長把他當笨蛋，他不把如此待遇放在心上——這需要勇氣。之後他又以年輕戰地記者之姿闖蕩戰場，遭囚禁後又費盡千辛萬苦逃脫——這也需要勇氣。

膽量要夠大，才敢競選公職；每次以作家身分出版著作，需要勇氣；痛下決心改變政黨；從軍加入第一次世界大戰；挺過在政壇失勢的那些年，緊接著希特勒崛起；歷經再度被忘恩負義的政黨逼迫下台、再度失勢、再度回歸掌權，都還能撐下去，也需要勇氣。晚年開始習畫，並向世人展示自身畫作，對抗史達林及鐵幕等種種偉績，多不勝數……

他一路走來是否也有喪失勇氣的時候？犯過錯？沒有把握機會？無庸置疑。但讓我們專注在那些英勇的時刻，作為借鏡，而不是在別人的缺陷上鑽牛角尖，當成搪塞自身缺失的藉口。

在所有偉人的人生中，都可見一樣的主題。有大勇的關鍵時刻，但也有許多小勇的時刻。羅莎·帕克斯（Rosa Parks）在公車上的舉止確實無比英勇……*但身為一名黑人女性的她，在南方生活了四十二年，從未失去希望，從未怨天尤人，也是很有勇氣。她在一九四三年加入美國全國有色人種協進會（NAACP），公然擔任協進會祕書，甚至在一九四五年於阿拉巴馬州登記投票。她針對種族隔離提起訴訟的勇氣，不過只是這些義勇舉止的延續而已。

歷史乃以血汗淚水交織寫下，是那些勇者的平心耐力，諸如此類的故事才得以流

＊一九五五年，羅莎·帕克斯在公車上拒絕司機的命令，堅持不讓座給白人，因而被捕，引發蒙哥馬利當地黑人拒乘公車的民權運動。

芳萬世。

挺身站出（或坐下）的人……

奮力抵抗的人……

冒險犯難的人……

勇於發言的人……

努力嘗試的人……

克服恐懼的人……

鼓起勇氣付諸行動的人。

這些人當中，有些短暫地攀上了人生卓越的巔峰——進入英雄殿堂，成為眾傑的一分子。勇氣在不同時間點、以不同形式召喚我們每一個人。但正如俗語所言，呼召皆起於自身。

首先，勇氣召喚我們凌駕自身的恐懼與膽怯。接著，它召喚我們拿出膽量，克服種種劣境、困難與極限。最後，或許只不過是一瞬間，那燦爛的一瞬，當為別人犧牲的那一刻到來時，它召喚我們做出英雄的行為。

不管你現在聽到怎樣的召喚，做出回應、**起身而行**才重要。在這個醜惡的世界，勇氣卻是美麗動人。有了勇氣，優美的事物才得以存在。誰說勇氣一定極其稀罕？正因為你知道勇氣俯拾即是，你才會拿起這本書。

第一部／恐懼

從此悲憤之地望去，只見恐怖陰霾逼近；
儘管歲月威脅無盡，我始終無所畏懼。
——威廉．歐內斯特．亨利（William Ernest Henley）

是什麼力量阻擋了勇氣？這麼珍貴的東西為何如此罕見？我們為何止步，不去做自己有能力做並應該做的事？**恐懼**（希臘文，phobos）。打敗你不了解的敵人是不可能的，而恐懼正是勇氣的敵人——各種形態的恐懼都是，從驚駭、漠不關心、憎恨到自我設限。

我們正與恐懼爭戰。所以才必須研究恐懼，熟悉恐懼，了解其由來和徵狀。所以斯巴達人才會建造神殿祭祀恐懼，為了將它拘於不遠之處，為了見證它的力量，為了趨避它。

勇者並非無所畏懼，這點沒有任何人類做得到。勇者之所以了不起，是因為他們有能力克服並駕馭恐懼。事實上，應該說若非超越恐懼，不可能成就偉績。

倒是懦夫，沒一個留名史冊，也沒人記得任何關於他們的事。舉不出一件無須人鼓起絲毫勇氣的好事吧？因此，如果我們想成就大事，首先就必須學習如何克服恐懼，或至少在關鍵時刻，凌駕恐懼。

面對使命呼召的恐懼……

佛羅倫絲．南丁格爾（Florence Nightingale）在長大成人明事理之前，天不怕、地不怕。

有人曾畫下佛羅倫絲小時候的模樣。她姑媽描繪了跟媽媽和姊姊一起散步的佛羅倫絲，當時她約莫四歲。

她姊姊緊抓著媽媽的手，佛羅倫絲卻「自顧自跌跌撞撞地走她的路」，散發某些孩童天生就有的出色天真的自信。她不需要感到安全也不在乎其他人怎麼想。前方有太多未知等著她去觀察、去探索。

但可惜的是，如此獨立自主的姿態並未持續多久。

或許有人告訴她這世界是個危險的地方；或許是當時普遍認為女子應該溫婉矜持，這種來自時代風氣的壓力雖幽微難察，卻沉重無比；或許是因為出身貴族世家，養尊處優，讓她低估了自己的能耐。

無論意圖為何，大人不分青紅皂白、殘忍地戳破童心抱負的小泡泡，諸如此類的對談，每個人都曾經歷過。大人以為自己是為了我們的未來著想，但其實不過只是把自身的恐懼、侷限強加在我們身上罷了。

我們為此付出莫大的代價，這世界也因此被剝奪了無數難能可貴的勇氣。

佛羅倫絲．南丁格爾差點也落得同樣下場。

一八三七年二月七日，十六歲的她，即將收到「使命的呼召」，後來她如此稱之。

要做什麼？要去哪裡？要怎麼做？

她只感受到那是來自天上的神祕話語，讓她豁然頓悟自己身負某種使命，必須奉獻**服務**，致力於跟她那富裕家族嬌生慣養的生活，跟當時女性只能扮演持家、平淡過一生的角色不同的天職。

「內心深處傳來一個**聲音**……」帕特．提爾曼（Pat Tillman）考慮離開職業足球隊，加入美國陸軍遊騎兵（Army Rangers）時如此說道。「這個聲音引領我們走向自己真正想成為的人，但要不要跟隨它走上這條路，卻是由我們自己決定。人要往哪兒走，多半是被指引隨波逐流、簡單直達、看似前程似錦的方向。然而，偶爾我們會被引導至截然不同的路途。」

你可能會認為像佛羅倫絲．南丁格爾那樣勇敢的女孩會聽從那個聲音，但就跟許多人一樣，她內化了當時的意識形態，長大後成了一個怯生生的青少女，不敢放肆妄想走上與父母不同的道路。

利頓．斯特雷奇（Lytton Strachey）在其經典著作《維多利亞女王時代四名人傳》（*Eminent Victorians*）中寫道：「她的家族在德比郡（Derbyshire）、新森林區（New Forest）各有一座大莊園，倫敦社交季期間，會於梅菲爾（Mayfair）高級飯店舉辦奢華的上流派對，不時赴歐洲旅遊，異常頻繁地聆聽義大利歌劇、與巴黎名流交際。在如此優渥的環境下成長的佛羅倫絲，想當然耳自然會知福惜福，如上帝所願，盡責地過生活終老——亦即在歷經足夠交際舞和晚宴後，嫁給門當戶對的紳士，從此過著幸福快樂的日子。」

八年來，這個使命呼召就這樣棲伏在佛羅倫絲內心深處，明明顯而易見，她卻避而不見。同時，她隱約察覺到維多利亞時代的世界什麼都不對勁。人民平均壽命不到四十年。在許多城市，在醫院接受治療的病人的死亡率竟然比院外病人還要高。克里米亞戰爭（Crimean War）期間，也是後來南丁格爾嶄露頭角的時候，數十萬軍人之中，也只有一千八百人因受傷而死。逾六萬人死於疾病，逾三萬人無法從軍。就算在和平時期，情勢也慘不忍睹，而從軍本身就是危及性命的行為。她曾怒斥當局官員：

「你們這樣跟每年把一千一百人拖到索爾茲伯里平原（Salisbury Plain）上，一一槍斃有什麼兩樣？」

儘管危機刻不容緩，跟戰死軍人的祭壇急速增長一樣急迫，恐懼更勝一籌。瓷器擺設需她悉心呵護，斯特雷奇寫道。她父親希望她讀書給他聽；她得找個人嫁；要忙著嚼舌根、聊八卦；沒有任何事可做。這就是當時富裕女性能做的事：無所事事。

佛羅倫絲不斷受這種凡俗壓力干擾，只得無視呼召，深怕冒犯文明社會的禮節。沒錯，鄰居生病她偶爾會幫忙，她也會讀書並曾與首位女醫師伊麗莎白・布萊克威爾（Elizabeth Blackwell）等有趣人士打過照面。可是，在二十五歲時，剛好有人問她是否想到薩利伯里醫院（Salisbury Hospital）當志工，她卻任憑母親擺布，錯失良機。在醫院工作？何必如此，要不乾脆下海為娼算了！

自否認以來過了八年，另一個呼召傳來。召喚的聲音問，這次問法更直白：**你要為了顧全名譽，裹足不前，不去奉獻服務嗎？**這正是她所畏懼的：別人會怎麼想？她狠得下心來跟想要她不離身的家族決裂嗎？從富有的社交名媛變成**護士**？十九世紀幾乎不存在護士一職，她可以去追求自己毫無所知的職業嗎？她可以做得到女人不該做的事嗎？她可以做得有聲有色嗎？

這種恐懼十分強烈，每個人在考慮涉足陌生領域、考慮嘗試截然不同的新事物時，都會不禁畏怯。當大家都說你一定會失敗、你是錯的，你怎麼能不聽勸告？這實在十分矛盾。別人會說你瘋了，但事實是，你必須要夠瘋狂才能將數落話語當耳邊風。

當他們想誤導你，使你產生內疚時，該當如何？當他們要責罰你時，該當如何？這正是南丁格爾所面臨的窘境。她心懷壯志，胸無大志的父母卻當她大逆不道。她母親邊啜泣邊責備她居然要「讓自己蒙羞」，她父親則罵她不知感恩、簡直被寵壞。

這些都是她默默吞下的痛苦謊言。山謬・格雷利・豪伊（Samuel Gridley Howe）醫師是〈共和國戰歌〉（Battle Hymn of the Republic）作詞者茱莉亞・瓦德・豪伊（Julia Ward Howe）的丈夫。佛羅倫絲曾冒昧問他：「豪伊醫師，你覺得年輕英國女性致力在醫院做慈善工作，是不恰當、不得體的行為嗎？你覺得這很不堪嗎？」她的問題充斥著眾多臆斷。**不恰當**、**不得體**、**不堪**。

她萬般糾結——究竟她是想要別人允許自己追求夢想，抑或允許自己壯志未酬？豪伊回答：「我親愛的佛羅倫絲小姐，這不同尋常，而在英格蘭，不同尋常是被視為不恰當的。不過，要是你有使命感，就『放手去做』吧。聽從自己的心聲行動，你就會發現盡心盡力為他人奉獻，從來無所謂不得體或不優雅。做出抉擇，順其自然，不管你將被引領去何方。」

但她仍然害怕不同尋常，怕遭情緒勒索，怕被威嚇。這些都是家人逼她乖乖待在家、不准她越界的手段。而這些手段通常都有效——雖然她崇拜的人明言鼓勵她。「我好殘忍，居然讓家人不開心，」佛羅倫絲在日記中如此寫道。她描述家人幾乎不跟她說話的慘況，「他們把我當罪人看待。」多年來，這些操縱手法皆奏效。她的傳記作者賽西爾·伍德漢·史密斯（Cecil Woodham-Smith）寫道：「她有堅持己見的能耐，她卻沒這麼做。囿限她的枷鎖脆弱如稻草，她卻不扯開掙脫。」

無論是一八四〇年代還是現在，都不止南丁格爾一人是如此。的確，在所謂的英雄旅程中，幾乎所有「冒險的召喚」都會有何回應？**拒絕接受召喚**。因為太困難、太恐怖了，召喚者一定是看走眼了。這正是南丁格爾不斷與自我拉拔的對話，不是一下子就結束，而是持續了整整十六年。

這都是恐懼搞的鬼。它讓我們遠離使命、裹足不前、僵在原地，給我們無數為或不為的藉口。

南丁格爾後來曾寫道：「恐懼的壓迫簡直令人束手無策。」她人生坐困愁城的前三十年即為證明。但她也清楚曾有那麼一瞬間，自己突然不害怕了。她必須緊抓住深藏內心的那股力量，自行掙脫，接受天降呼召。

邁出這麼一大步實令人膽戰心驚。走出舒適圈，悖離傳統，不顧眾人的質疑及要求。當然她曾因此而退縮——太多人因此而退縮。但南丁格爾不再躊躇。兩週後，她放手一搏，縱身一躍。

「我萬萬不能期待他們同情我或幫助我，」她就自己豁出去地決定如此寫道。「我必須帶走某些物品，足以過活即可，愈少愈好。我必須帶走它們，因為沒人會主動給我這些東西。」

不到一年，她就著手打理戰地醫院，治療克里米亞的傷兵。戰地的景況慘烈無比。因為缺乏病床，傷患就這樣死在走廊上，死在船艦的甲板上。老鼠偷走餐盤上的食物。病患沒衣服穿，在寒冷的房間裡只能互擁取暖，有些人生甚至赤裸裸躺在地上嚥下最後一口氣。不但配給口糧不足，醫生也是無能之輩。這全是她父母極力不讓她去蹚的渾水。如此慘況，連膽子最大的公務員都會被嚇跑。

她解釋：「我見識過歐洲各大城市最惡劣地區的院所，但沒有一個地方比夜晚的巴拉克醫院（Barrack Hospital）還要恐怖。」如今恐懼已煙消雲散，取而代之的是堅定的決心。她自掏腰包出資修繕醫院，並開始照顧病患。

亨利．華茲華斯．朗費羅（Henry Wadsworth Longfellow）在其詩作中將她的英姿描繪得栩栩如生，在沉悶陰鬱的迴廊上，佛羅倫絲．南丁格爾提著燈籠，神采奕奕地穿梭病房間：

她的言語和歌聲迴盪在
英國歷史的長廊上，如光般
從過去的甬道照耀今日。
一位提著燈籠的女士
昂然佇立英國偉史，
崇高而良善，
英勇的女性楷模。

此乃英勇，**不容置疑**。她之所以成就如此英勇行為，可能正是因為她克服了平凡卻強大的恐懼。

她冒著巨大的個人生命危險，頂著戰火在克里米亞做的善行，日後激發了紅十字會的創辦。她還因此感染了「克里米亞熱病」（布氏桿菌病），並因其後遺症而終生受苦。自從不顧眾人恐嚇，走出舒適圈成為戰地護士，工作上手後，她發揮創意，創先將病患殘弱的照護系統化，此後一百八十年凡進醫院者皆受惠。

女兒堅決要當護士時，她母親泣不成聲地嘆道：「我們怎會生出這麼一隻野天鵝。」試想你因為自己的小孩獨一無二而哭泣。試想在那種一言堂的環境下成長。正如斯特雷奇所寫，南丁格爾的母親大錯特錯。她女兒不是天鵝。他們生出了一隻**老鷹**。歷經長時間孵化，蟄伏於巢，然而一旦展翅高飛，鷹就一無所懼。

我們這輩子要做的事遠大無比。每個人都會被呼召要有一番成就。成為天選之人。雖被選上……但我們會選擇接受嗎？還是會轉身就逃跑？

這就是我們的呼召。

聽了南丁格爾故事，有人或許認為是她無視使命呼召，虛耗了多年。有人則是覺得她一直在為了她這輩子的使命做準備。家族與社會不斷試圖勸退她，阻礙她擔任自己的天職，要撥開這些迷霧、濾去這些雜音，所需費時。學習各樣技術，以澈底改變護理工作，也所需費時。

不管你怎麼看，恐懼和戰勝恐懼是她人生決定性的戰役。所有改變世界的偉人亦然。值得人豁出去做的事，皆令人悚然心驚。成就大事的人，沒一個不曾和內心的疑慮、焦慮、缺陷及惡魔拔河過。

果不其然，對南丁格爾來說，和恐懼拉鋸的經驗形塑了她的行事風格。當她終於得以投身建造醫院、改革英國軍事及民間醫療系統時，反對的聲浪排山倒海而來——官僚體系、惡劣環境、政治力量都與她作對。她不能只當個病房裡的慈悲天使：她是軍需官，是影子祕書、是說客、是吹哨者、是行動主義者，也是管理者。面對毫不留情的持續抨擊，她仍屹立不搖，不厭其煩但立場堅定地和那些想阻撓她的人搏鬥，正因如此，才會成就她後來的偉業。

沒有人可以再恫嚇她。她不會任人欺壓。

她在一封致英國戰事國務大臣的信中嗆道：「你的信是在貝爾格雷夫廣場（Belgrave Square）寫的，而我是在克里米亞的小屋寫下這封信。下筆場所截然不同。」這句話竟是出自幾個月前害怕讓歇斯底里的母親失望的女子之筆。如今，只要有醫生或任何人告訴她某事不可能做到，她會輕聲但威嚴地回答：「但非做不可。」要是有人不從——例如，她任職的醫院拒絕收治天主教徒和猶太人時——她就會揚言辭職以威脅。對方便屈服作罷。

正因為她曾和恐懼搏鬥過，才能理解、關愛她經手照料的數千名垂死傷患。「對病患而言，憂慮、未知數、等待、期望及對意外的恐懼，比任何體力活還要有殺傷力。」南丁格爾寫道。「她無時無刻不直面敵人，在心中與之奮鬥，在腦海中與之長談。」她親身體驗過這種拉鋸戰，她可以幫助他們打贏。

現今，我們每個人都會接受屬於自己的召喚。奉獻服務。放手一搏。挑戰現狀。向**前**跑，哪怕其他人都向後跑。超越自身極限。接下不可能的任務。

有太多理由會讓我們覺得自己不該豁出去。我們會承受巨大壓力，逼自己將這些想法、夢想、**需求**拋諸腦後。端看身在何方、目標為何，我們面臨的阻力可能不過是小小刺激……或者是公然的暴力。

恐懼會讓我們感受到它的恐怖。一向如此。

我們會任憑它擺布，不理會使命召喚嗎？呼召不停傳來，我們會置若罔聞嗎？還是我們會如南丁格爾般，一步一步慢慢靠近，堅定心志，養精蓄銳，等準備好，就去做生來注定該做的事。

重點在於不要懼怕

要害怕很容易。尤其是在最近的非常時期。情勢隨時都可能惡化。生活充滿不確定性。你可能會丟飯碗，接著房子和車子也沒了。或許連小孩都會出事。世局動盪，人難免會惴惴不安。怎麼可能淡定？就連理應是情緒控管大師的斯多葛派都認同，人會不由自主害怕。怕震耳欲聾的噪音，怕不確定性，怕遭受攻擊。有個詞語用來形容這些直接、預知印象：**想像**（phantasiai）。我們不該信以為真。

你可知聖經中最常重複的句子是什麼？是「不要懼怕。」這些字句一而再、再而三出現，可見上天告誡，切勿讓**想像**支配生活。《約書亞記》（*Joshua*）中寫道：「要堅強勇敢。不要懼怕，也不要驚慌。」《申命記》（*Deuteronomy*）中寫道：「汝出去與仇敵爭戰，看見馬匹、車輛及數量多於汝的人時，不要怕他們。」《箴言》（*Proverbs*）中寫道：「突如其來的驚恐，不要害怕；惡人遭毀滅，也不要恐懼。」《申命記》與《約書亞記》相呼應，摩西召喚約書亞，要他前往以色列，並對他說：「你當堅強勇敢，因為你要和這些百姓一同進入耶和華允諾賜予其先祖之地，你也要使他們承受那地為業……莫害怕、莫惶恐。」*

人有情緒反應，對此斯多葛派和基督徒都未曾指責。他們只在乎**在那一閃而逝的惶恐過後**，你**做了**什麼。「怕在所難免，沒有關係，」威廉・福克納（William Faulkner）如是說，「但千萬別**恐懼**。」關鍵差別在於此。

怕只是暫時湧現的感受，可被忘卻。恐懼卻是一種存在狀態，任其支配有辱顏面。怕會助你一臂之力——讓你心生警覺，喚醒你，告誡你有危險。恐懼則會壓垮你，削弱你，甚至使你麻痺。在這個世事難料的世界，在這個充斥著惱人、複雜問題的年代，恐懼形同累贅，會綁手綁腳拖累人。

害怕沒關係。誰不會害怕？但因為怕就卻步可不行。有句可追溯至一八〇〇年代初的希伯來禱文是這麼寫的：「כל העולם כולו גשר צר מאוד והעיקר לא לפחד כלל。」意思是，「這世界是一座窄橋，最重要的是別懼怕通行。」猶太人藉著這句禱文所蘊含的智慧，度過艱困逆境與悲慘浩劫。它甚至還成了流行歌曲，在贖罪日戰爭（Yom Kippur War）期間播放給軍隊和老百姓聽。提醒人們，沒錯，現況險惡不明，往下看而不往前看，就很容易害怕。恐懼幫不上忙。

永遠幫不上忙。

一九二九年十月股市崩盤，美國面臨了持續十年之久的巨大經濟危機。銀行倒閉。投資人全軍覆沒。失業率高達百分之二十左右。當時的總統努力了三年半，試圖力挽狂瀾卻徒勞無功卸任下台，由小羅斯福（Franklin Delano Roosevelt）繼任總統之位。小羅斯福害怕嗎？當然怕。怎麼可能不怕？**每個人**都怕得要命。

但他在一九三三年的傳奇就職演說中明言，**懼怕**與否，乃人的選擇。恐懼才是真正的敵人。因為它只會讓情勢惡化，摧毀殘存的銀行、讓人民彼此敵視、阻止協作解決方案的實施。

懼怕時，誰能把事情做好？懼怕時，誰能看清大局？懼怕時，要怎麼去愛人？懼怕時，要怎麼完成**任何事**？

美式足球接球員若預料自己會遭撞擊就畏縮，就不可能接得到球。藝術家若怕被評論家批得狗血淋頭，就無法盡善表演。政客若老是擔心民調結果，就老是會下錯決策。要是每一對情侶滿腦子都被組建家庭的困難想法占據，永遠不可能組成家庭。

---

*如果你不信聖經這一套，類似「要勇敢」、「當有膽量」及「不要懼怕」的句子在《奧德賽》（*Odyssey*）中也多不勝數。

沒有恐懼的餘地。至少對我們想成就的事而言，沒有。我們的生活——我們所居住的這個世界——是個可怕的地方。如果你向窄橋底下一瞥，可能就會嚇破膽，不敢繼續走下去。你會動彈不得，頹然倒地，心裡亂了套，眼前一片模糊，腦子也一片混亂。

重點在於別懼怕。

用理智戰勝恐懼

偉大的雅典政治家伯里克里斯（Pericles）前去探望他的軍隊時，發現他們因看到暴風雨將至的前兆，嚇得不知所措。他們的反應看似愚蠢，但要是你生活在大家都渾然不知打雷是什麼、成因為何的時代，你會有何感受？

伯里克里斯當時無法完全解釋雷電形成的緣由，但也相近不遠了。他拿起兩顆大石頭，召集手下，開始用這兩顆石頭互砸撞。轟隆。轟隆。轟隆。他說，你們認為打雷是什麼？不過就是雲與雲互撞罷了。常言道，領袖會帶給人希望。但就較實際的層面來看，領袖也會殲滅恐懼。

「彷彿為真的假證據」（False Evidence Appearing Real），在戒酒互助會中，酒癮者因擔心而不敢做出改變或嘗試新事物時，互助的人會給予其慰藉安撫，將這些擔憂稱之為F．E．A．R——恐懼——彷彿為真的假象。

我們要做的是去探索印象——為我們自己，也為他人。我們必須跟伯里克里斯一樣，合乎邏輯地將印象拆解、剖析，找出其根源，把它摸透，解釋清楚。

舉另一個例子好了。當瘟疫肆虐雅典時，伯里克里斯和海軍一起出發，前去對抗敵人。但，就在他上了船，軍隊正要離港之際，突然間發生了日蝕。軍人頓時驚慌失措，視此事為不祥惡兆。伯里克里斯並未發表長篇大論，而是以簡單易懂的邏輯振奮軍心。他走向一名舵手，將袍子披蓋其身，說：「眼前的黑暗不過就像這般，只是覆蓋物是比我袍子更大的東西罷了。」

人生依然難以預料，充滿太多未知數，因此人難免容易驚慌，難免受恐懼和疑慮左右。要突破重圍，只能朝那恐懼進攻。有邏輯地、思維清晰地、善解人意地。

頻頻打敗仗，加上疫病橫行，雅典人岌岌可危，但伯里克里斯告訴他的雅典同胞，有勇氣才能擊敗恐懼。他們得冷靜、理性，保持思維清晰。他說，我們需要剖析前方有何挑戰，弄清「人生何為苦、何為甜的意義，然後邁出步伐，不屈不撓地面對迎頭而來的挑戰。」

那個總愛設想最糟的狀況、最荒唐的情境，老是低估你應對能力的你？那並非益友，亦非真相。那落井下石的聲音？那小題大作、言過其實的傾向？這些不但有害無益，還模糊了這個世界的真貌，讓人看不清。而且肯定不會讓你變得更勇敢！

告訴自己，不過就是錢罷了。不過就是篇爛文章罷了。不過就是和互打口水戰的人開個會罷了。有必要因此擔心受怕嗎？一一拆解，端詳事實，加以剖析。如此才有辦法看清。

奧理略寫道：「你渴望的不是敵人所見、敵人所期，而是**真正在那裡**的東西。」

別太在意別人怎麼看你

恐懼的根源來自於擔心別人的看法。這種無謂的擔憂令人束手無策，胡思亂想，扭曲現實——使人的行為舉止變得難以言喻地失常、懦弱。

西里爾．康諾利（Cyril Connolly）曾打趣道：「很多人不敢自殺，只是因為害怕鄰居會說閒話。」我們太在乎別人的看法，就算沒親耳聽到，還是擔心受怕。

當然，矛盾的是，幾乎所有標新立異、不同凡響、**合乎正義**的事，都是前人跨越守舊派的反對聲浪而成就的。現今眾人追捧的事物，當時剛發明或實施時，旁人大都不屑一顧，而那些人現在卻裝作沒有鄙視這回事。我們常無法了解、或不願意去了解，這些反對聲浪不過是必須跨越的障礙物而已。

法蘭克．賽皮科（Frank Serpico）在一九七〇年揭發紐約警察局內部的貪腐後，一名正直的警察向他道賀。賽皮科問，那為何當時你沒挺我，為何當我需要幫忙時你都默不作聲？男子回答：「怎麼可能?!是要我變得跟你一樣被排擠嗎？」

是啊，不然咧！其他選擇是啥？任由你的同僚敲詐理應保護的人民嗎？任由他們跟理應保護人民遠離其魔爪的罪犯勾結嗎？

人們寧願同流合汙，也不願挺身揭發真相。人們寧願死於大疫，也不願當唯一一個戴口罩的人。人們寧願繼續做自己厭惡的工作，也不願解釋為何要辭職、另覓不穩定的頭路。他們寧願隨波逐流，也不敢質疑荒唐的潮流。泡沫經濟成長時，不湊熱鬧投資似乎頗愚昧，相形之下，將畢生儲蓄砸在破裂的泡沫上還好受一些。他們寧願從眾讓名譽汙損，也不願出個聲，冒險特立獨行或離開群眾十分鐘。

若我們能夠謹記西賽羅（Cicero）的忠告，會有多麼非凡的成就啊。西塞羅是個暴發戶，雄辯滔滔且文藻華美，也因此為人取笑。他曾經告誡過，人總會閒言閒語、瞧不起他人。他說：「別人會怎麼說你，就讓別人去擔心吧。反正無論如何他們都會說長道短。」*

你不能任由恐懼支配。因為做大事的人，一**定會**讓人看不順眼。只要提出改革，一定會受到質疑。只要發起運動，一定會遭嘲弄。只要是創新事業，一定會被眾人大聲唱衰。比起面目不明、莫名其妙的陌生人的庸俗意見，我們應該更珍惜自己歷經百般琢磨而下的決斷。

*結果，這個只能同享樂、無法共患難的政客自己也沒聽從自身忠告。

危險總是被高估

在早期軍旅生涯中，尤利西斯．格蘭特（Ulysses S. Grant）曾長途跋涉穿越德州東部。當時軍備軍糧快要見底。其中一名屬下患病，有匹馬走不動了。那裡危機四伏，印第安人和法外之徒猖獗，天候惡劣，他們必須行進七十英里到聖體市（Corpus Christi），才不會被宣告無故缺席。格蘭特和另一名男子啟程，僅僅兩個人，虛弱匆忙，要在滿布濃密灌木叢及響尾蛇的險惡之地，穿越無數溪流。

喔，還有狼群——這兩人聽見「令人毛骨悚然的狼嗥」。視線遭草原的高草擋住，他們看不到任何東西，但確實狼群正在逼近。近在咫尺，不懷好意，來勢洶洶，格蘭特如此形容：「準備一口將我們的人、馬匹及全部都吞噬。」他想轉身回去；實際上，他只想離開當地，躲到安全的地方，還偷偷祈禱同伴能自行提出要走。

另一名軍官比格蘭特老練、資深，僅笑了笑，繼續前進。他問：「格蘭特，你認為那群狼共有幾隻？」格蘭特不想看起來像個蠢蛋或懦夫，於是便隨意低估了令他心驚膽跳的威脅。「喔，大概二十隻吧。」他若無其事地說，語氣卻掩飾不了自己加速的心跳。

突然間，格蘭特和那名軍官發現了狼嗥從何處傳來。那兒只有**兩隻**狼，一副居心不良、自信滿滿的樣子，愜意地歇息著。他被未知的危險嚇得半死，卻從未想過質疑自己飆升的心跳或無端的揣測。

過了四十年，歷經充實的公職與政治生活之後，格蘭特說，每當聽聞有政治團體因遭批評就見風轉舵，或有人因為微乎其微的獲勝機率或無形的敵人就考慮放棄，他便常回想起這段軼事。他認為當時學到的教訓是：「敵人總是被高估。」阻礙、敵人、批評者其實沒你想的那麼多，那是他們想讓你深信不疑的錯覺。他還學到另一個教訓：你覺得那些狼看到格蘭特和他的同伴一直逼近，並未因恐懼而退縮後，作何反應？那些狼**逃走**了。

一八六一年，格蘭特擔任聯邦（Union）軍隊的中校，被派去對抗一支位於密蘇里州、由湯瑪斯・哈瑞斯（Thomas Harris）領兵的邦聯（Confederate）軍隊。就算格蘭特曾打過仗，即使他從那群狼身上學到了教訓，他還是又害怕了。

鄉間放眼望去綿延二十五英里，一覽無遺。眼前人跡杳然，彷彿暴風將至，沒人想身陷狂風暴雨。格蘭特的心跳再度飆升，在胸膛內愈跳愈高，直到完全梗塞喉嚨。

他寫道：「當時我為了回伊利諾州，甘願犧牲一切。但我沒有停下來、思考後續如何是好的道德勇氣。」就在他最惶恐之際，就在兩軍即將交戰個你死我活，他卻不知道該如何獲勝之際，他抵達了山丘頂端，以為會與敵軍撞個正著。只是敵軍已不見蹤影。

他們聽到格蘭特和他的軍隊要打來，全逃跑了。「我馬上恍然大悟，哈瑞斯也很怕我，正如我很怕他一樣，」格蘭特寫道，「我從未考慮過這點，但我也永遠不會忘記那次的體悟。從那件事到戰爭結束，我在打仗時都未曾惶恐，頂多有點焦慮罷了。我未曾忘記他跟我一樣，懼怕彼此軍力乃理所當然。這個教訓彌足珍貴。」

夜晚漆黑，陰森駭人。我們這一生會面對許多敵人。但你必須明白：他們跟你誤以為的可怕模樣相差甚遠。無論是在派對中跟名人搭話時的恐懼，和孩子談性教育的恐懼，抑或要求老闆加薪的恐懼，即便不至於到害怕，其實雙方都感到戰戰兢兢。彼此都惶恐不安。

你高估他們……而他們也高估你。

你以為面試官**想**面試人嗎？考問面試者會讓他們興奮不已？才不是，他們自己也怕搞砸了。你第一天到片場上工遇見的暴躁導演，操練新兵的教官，協商新人契約的辦公室行政主管——他們自信滿滿的氣場只是假象。他們只不過跟大家一樣都很緊張，也在裝模作樣唬人。

一靠近觀察後，你就會發現彼此落差根本沒你想的那麼大。有些許覺察、些許同理心，並不會使我們變得軟弱，反倒給了我們自信。而今，我們看穿對方的真面目，**別人**都比我們更害怕。

要是有個萬一怎麼辦？

我們對所懼怕之物茫然無知。至少算不上了解。在未來它顯得龐然卻遙遠。或在胃中盤踞，翻轉攪動，依舊撲朔迷離，教人一知半解。我們害怕可能發生壞事、害怕事情不順利、害怕後果、害怕別人的看法。但究竟是怕**何事**、**何處**、**何時**、**如何**、**何人**？這我們卻答不出口，因為我們其實沒有仔細探查。我們其實並未替所擔憂之物下定義。我們的恐懼不具實體，不過是在某處偶遇或短暫瞥見的影子、幻覺、折射。

再這樣下去可不行。必須在此、現在就做個了結。

企業家、作家提姆．費里斯（Tim Ferriss）談及「恐懼設定」的練習——定義、表達出讓我們畏縮不前的惡夢、不安及疑慮。確實，這個練習的古老根源最早至少可追溯至斯多葛派。塞內卡（Seneca）曾論述負面觀想（premeditatio malorum），亦即對可能遭遇的邪惡之事，刻意先去冥想。

塞內卡說：「流放、戰爭、凌虐、船難，所有人類的困境都可能縈繞心頭。」不是以恐懼的形態，而是以耳熟能詳的形態。這些事發生的機率多大？肇因可能是什麼？

我們要如何做好準備去應付？對塞內卡來說，出乎意料的事，造成的衝擊最大、最痛不欲生。所以，藉由設想、定義、對付可能發生的事，它們也因此變得較不可怕，同時也較不危險。

「試想油田耗盡要怎麼辦?!」約翰．洛克斐勒（John D. Rockefeller）會如此告訴自己，藉此練習不要得意過了頭。所以，他才能在十九世紀經濟恐慌期間，大膽投資，賺進大筆財富。

拿破崙認為指揮官每天應該捫心自問數次：「如果敵軍現在就要入侵我前方，或左方、或右方，要怎麼辦？」可想而知，這種練習的重點不是為了讓他的將軍焦慮，而是要確保他們有備無患。

但是，我們卻過於擔憂「冒充命運」或「散發負能量」，不去練習這種勤勉的領導能力。而設想難以想像的事，正是領袖的職責。逾兩千年以來，軍事領袖也遵循類似的行為準則：軍官犯下最不可原諒的錯，是出乎意料。大嘆，**我沒料到居然會發生這種事**。

每個人都需要培養正視自己所懼怕之物的勇氣。我們害怕跟房間另一頭的那位漂亮的陌生人攀談。但，為什麼？怕被當成笑柄？怕遭拒絕？我們不想仗義執言，但原因究竟何在？因為可能會遭批評？因為在最糟糕的情況下，可能會需要另謀出路——但我們不是已經在考慮跳槽了嗎？我們可能會因此喪命或被幹掉嗎？就跟每次搭飛機、每次過馬路、每次以脆弱的凡人之軀醒來，不也一樣都有可能一命嗚呼？

我們也得培養思考一切可能會發生的事的勇氣，思考令人不快的事，思考異常、意外、不可能之事。這不只是要減低對於被誇大的不確定性的焦慮，也是要在未知中尋找安定——風險因素、夜晚的風吹草動、敵人的計謀、可能和即將出錯的事。

只要是人為，都該瞭若指掌。只要有可能發生，都該一清二楚。

道格拉斯・麥克阿瑟（Douglas MacArthur）用兩個字總結所有戰爭和人生中的失敗：「太遲。」太遲做準備，太遲知悉敵方意圖，太遲結交盟友，領導人太遲交換聯絡方式，太遲趕去幫助有困難的人。太遲去精打細算，太遲像格蘭特學到的教訓那樣，不先估計敵方人數。或如拿破崙所言，太遲為敵軍的出現做準備。

有點令人沮喪？或許吧。不過，悲觀嚴陣以待，總比毫不為備還來得好。亞里斯多德曾說，樂觀的人最不堪一擊，因為「倘若結果不如預期，他們就會拔腿就逃」。

預期最糟，以表現最佳。

一旦替恐懼下定義，就能擊退它。摸清缺點，就能拿來與優點衡量。細數狼群，就發現數量變少了。崇山峻嶺其實是鼴鼠丘，怪獸其實只是人類。

一旦人性化敵人，就能更了解他們。我們以為的巨大代價，其實乃經過清晰計算——相當值得去做的計算。估算後，報酬遠超過風險。黑天鵝的身影浮現，可事先準備加以因應。預期會來的攻擊可加以驅退。可能性的範圍變小，墨菲定律的規模也降低了。

光是隱約感到懼怕就足以讓人卻步。我們愈是去摸索，它就愈不足為道。這是為何我們得去抨擊這些錯誤前提，它們就像癌細胞，必須斬草除根。

因為不知道，所以才會害怕；因為不知道，才會弱不禁風。但是，現在我們知道了。了然於心後，便可放心邁步向前行。

別因困難而卻步

塞內卡準備好面對人生中所有可能遇到的處境及困難，他卻沒料到衰事竟會**全都**被他遇上。戰爭、船難、凌虐、流放……歷經百般艱辛，還罹患肺結核、飽受喪子之痛，為暴君尼祿（Nero）的喪心病狂所苦、遭政敵毀謗。他一定覺得自己命運多舛，但也知道這些挫折不過為天將降大任於斯人也。「未經風霜歷練，哪能光榮得勝，」他寫道，「穆修斯（Mucius）遭烈火焚身，法布里修斯（Fabricius）飽嘗貧困之苦，帕拉狄烏斯（Rutilius）遭流放，瑞古勒斯（Regulus）慘受凌虐，蘇格拉底飲毒自盡，小加圖（Cato）獻出生命。只有在不幸中才會綻放偉大的典範。」

用不著擔心事情會不會棘手。**因為肯定會**。但，困境其實會助你一臂之力，專注於這點即可，所以無須懼怕。傷疤成為鎧甲、掙扎成為歷練，讓我們精益求精，為這一刻做好準備。正如這一刻會壯大我們的心志，準備好迎接下一刻。困難替勝利增添風味，令其滋味嘗起來倍感甜美。

如果成功唾手可得，誰都做得到。倘若誰都做得到，還有何價值可言？重點是要有一番成就，就必得歷經千辛萬苦。風險是其特徵，而非缺陷。拉丁文的箴言——Nec aspera terrent 意思是不畏任何困難。運動員是堅毅的化身，他們深知激烈訓練的價值——練就更強韌的體魄，對於逆境無所畏懼。

麥爾坎・X（Malcolm X）說：「逆境無與倫比。每次敗仗、每次心碎、每次失落，都有其根源，都有教訓讓你記取，反思下次表現該如何更進步。」若你以前從未經歷更艱難的事，你怎麼可能相信自己？若你以前從未度過類似逆境，你要怎麼相信自己**有可能**撐得過去？

關於羅馬競技場的鬥士，這最令人匪夷所思。你相信許多鬥士其實是自願上場的嗎？他們想知道自己究竟是否有此能耐。「富裕與和平生怯懦；」莎士比亞曾說，「苦難孕育堅韌。」坎坷不見得是件壞事，可鍛鍊心志。況且，不是每個人都夠堅強，能如此看待困境。這一刻是試煉。會稱之為「考驗人的時刻」必有其因。早點嘗到苦頭總比晚點嘗到好——因為今天吃苦、學到教訓後，以後就會比較順利。不是嗎？

你以為一蹴可幾更輕鬆。你希望自己不用冒這個險。要是前景沒那麼艱鉅就好了，大可心安放手一搏。那不過都是恐懼在擾亂人心。

困難是好事。困難會嚇退懦夫，吸引勇者向前。不是嗎？

專注於眼前

狄摩西尼（Demosthenes）將軍醒來，發現自己即將遭海陸兩襲。此噩耗殺得他措手不及，驚慌無比。他怕了，麾下士兵也怕了。因此，他做了當時唯一能做的事，想方設法抵禦攻擊。

他領著軍隊到海邊，發表演說鼓舞軍心。當我們面臨重大、甚至不可能解決的問題時，也會受惠於他這番話。他說：「參與此次戰役的我軍同袍啊，目前我方形勢窘迫。但我希望不要有人自作聰明去一一估算所有環伺的險境。與其佇在原地計算勝負得失，以求自保，不如趕緊去對抗敵軍。大敵當前，刻不容緩，現在不適合計較得失，愈快迎戰愈好。」

恐懼可說是所有人的共通點。從小孩到國王，從軍人到全職父母，無論大小事，只要遇上危急時刻，我們都深感恐懼。焦慮幫得上忙嗎？將所有危險和問題一一列出？任由恐懼擴大逼近？萬萬不可！

羅伯特・路易斯・史蒂文森（Robert Louis Stevenson）寫道：「人生一路走來，本來就荊棘滿布，危險多不勝數，多冒出一個根本不值得去多慮。」最好起而行就對了。與其一拖再拖，不如早點直面你遲早要面對的挑戰。

「思及人生驚濤駭浪時，莫被凌亂思緒擊垮，」奧理略曾說，「莫讓可能還會發生的壞事占據你心頭。專注於現況，問自己，此難關究竟為何難以忍受、無法度過。」但，他是對誰說的？他是對**自己**說。這個世上最有權勢的人主宰幅員遼闊的帝國，統帥令人聞風喪膽的軍隊，自己卻焦慮、害怕。他當然怕！瘟疫肆虐。敵軍逼近國境。宮廷政變。逆子不受教。他面臨名為**人生**的困境。

不管你是誰，多半都曾因某事而擔憂。擔心有用嗎？沒用。擔心只會令人分心、困擾，讓我們產生疑慮不安，鑽牛角尖，並開始自行腦補，杞人憂天。這些無謂的擔憂，只會令人耗盡心力，反倒將正事置之不理。

詩人威爾弗雷德·歐文（Wilfred Owen）一九一六年在法國壕溝裡，以優美詩詞描寫出這點：

「這些喪失想像力的人多快樂，光是沉重彈藥就夠他們負荷。」

正是因為我們任憑想像腦補一切，無止境地往壞處想，才會可憐兮兮，無比驚恐。要是我們專注在必須做的事情上呢？就會忙得沒空去擔心，忙著**做正事**。

眼下的事情已經多得讓你應接不暇。這就是為什麼斯多葛派強調「第一印象」的重要性。當前所面臨的挑戰，是你必須專注處理的。不是未來可能發生的，而是眼前迫在眉睫的問題。這個必須撥打的電話，那張待簽署的支票，那條不得不走的鋼索，那些迫在眉睫需要處理的人群。這些已經足夠讓你感到壓力重重，甚至超出負荷。

加拿大太空人克里斯・哈德菲爾德（Chris Hadfield）首次太空漫步時，左眼突然看不見，右眼淚水滿盈，也動彈不得。他墜入一片黑暗，在更為黝闇的深淵邊緣踉蹌而行。後來，他說應對這種突發狀況的關鍵在於提醒自己：「現在有六件事我可以做，這些都會幫助事情好轉。」他還說了值得謹記於心的話：「沒有什麼情況是無法再糟的，而你的反應可能會將情況變得更糟。」切記，所有花在懼怕事情會被自己弄得更糟上的精力，**都是**沒花在試圖讓其好轉的精力。

不管是六件事也好，五件事也好——抑或**六十五**件——重點是，重要的是眼前之事。如狄摩西尼所言，愈快著手去做愈好。

如果你將心思放在他處，要如何把事做好呢？如果你老是擔心閒雜人等的反應呢？如果你已經預設自己會失敗了呢？如果你已經鐵了心認為這是個壞主意呢？

答案很簡單：你將辦不到。

你要如何把這種「莫為明日愁」的心態，和為所有可能發生的事、所有「最糟的狀況」做好準備的心態相提並論呢？激發提姆．費里斯想出恐懼設定練習的塞內卡說，我們這麼做是有理由的，而這個理由不是焦慮。

試著去設想種種困難——對那些可施予適當壓力的人來說，困境可緩解，狹道可拓寬，重擔可減輕。

求得平衡頗為棘手，但你懂的。

永遠不要質疑別人的勇氣

美國黑人作家詹姆斯．鮑德溫（James Baldwin）對他的父親抱持既愛又憎的複雜情緒。直到父親過世後，他才察覺到他只看到這個男人的外在。不合格父親的表象底下，這個人的內心飽受外人難以全然領會的痛苦。正因此，牧師在父親葬禮上說的一句話使他深受撼動：

「你看見這人的錯處，但你並不知他的掙扎。」

論斷很容易，了解卻很難。了解什麼？了解其他人經歷過什麼，了解背後的原因，了解他們如何試著平息可能牽一髮動全身的危險，或許他們是在努力保護重要的人事物。

赫魯雪夫登上蘇聯最高領導人之位後曾發生過一段插曲。當他在台上對全體政治局成員發表譴責史達林罪狀的演說時，有張匿名紙條傳到前頭來，「你說得對！」那個人說，「可是那時候你在哪裡？」赫魯雪夫一時語塞，他停頓一會兒，回道：「**就在你現在所處的位置上**。」意即，匿名隱身在群眾之中，什麼也沒做，如同眾人一般。

我們很難真正明白為什麼有人會臨陣退縮，有人要推諉塞責，無法堅持下去。要是有人行事不求甚解、冷漠無感也能安然度日的話，那麼強求他們去了解也是枉然。他人之所以崩潰是因為承受了何種掙扎和重擔，我們永難以察知全貌。我們不可能完全體會他人經歷過什麼，我們不應該將罪名強安在他們身上。

而我們能明白的，是我們在自己的人生也會遭遇大量恐懼，給我們扯後腿，蒙蔽眼目，迫使我們屈服。微妙的是，有時候人們在某些事情上可以表現得無所畏懼，但在某些事情上，卻又表現得十足懦夫（而且通常是不敢根據對錯而為善、拒惡的懦弱行為）。這是因為人們會去區分事態輕重，合理化自身行為。

我們無時無刻不在對抗恐懼。都自顧不暇了，更別說還有閒情逸致花時間監督別人表現得怎麼樣，不論是過去或現在。我們只能盡可能地從過去到現在的同輩人身上記取教訓，避免重蹈覆轍。

試想，如果你活在奴隸制度或帝國主義的時代，如果你曾親眼見識反猶太主義在歐洲壯大，又或者你生在蘇聯或毛澤東統治下的中國，你又會做些什麼？你是否能勇於對抗時勢？你是否有足夠的勇氣，獨立思考不隨波逐流？你是否真能抗拒一切好處和當時的社會風氣，去解放自己的奴隸？或者坦然接受自己的兒子是同性戀？或支持女權？

恐懼，主宰了這些問題的答案。

沒人能真正想像若是改換另一種時空會是何種景象。社會普遍接受的看法，每個人一生吸取到的知識在不同的時代、不同的地方都和今時此刻有所不同。不過問題的本質沒變：你在當時會選擇怎麼做呢？如同赫魯雪夫所言，你會跟現在的你一樣，隱身在群眾之中。

你或許會想：「讓我設身處地想想看，我會怎麼辦？」別費事，你只要問自己：「我**現在**會怎麼辦？」

你的人生，你有**你**恐懼的事物。

人無論如何都會跌倒，請明白這一點。人無論如何都會經歷痛苦。希臘哲學家愛比克泰德（Epictetus）出生即為奴，三十年來的奴隸生涯使他培養出深厚的同理心，想必他會這樣說：我們沒辦法斷定一個人是否做錯，除非我們能明白他的原因。

想不到的是，就連英雄也會害怕。美國奧運長跑選手路易斯·贊佩里尼（Louis Zamperini）在二戰時曾被日軍俘虜，他回憶起直江津戰俘營的歲月時說：「只有洗衣房知道我有多害怕。」幸好這份恐懼從未使他屈服，至少不是完全屈服，也不是在大庭廣眾下屈服，這樣的時刻曾與他擦身而過。你們不要論斷人，免得你們被論斷。*難道這是說，無論是有作為或無作為，都沒有人需要被究責嗎？當然不是，這只是說，眼前我們有自己的事要關注，先讓我們管好自己，把精力花在重要的事上，而不是忙著去譴責，去把事情查個水落石出。

華府地區的流浪漢、布魯塞爾的官僚人士、企業體系裡的蠢人……是的，這些人都是懦夫。但你自己呢？**你又做了什麼？**

如果我們要給某個人的怯懦定罪，且讓它按著範例於靜默中進行。

永遠不要質疑別人的勇氣，用放大鏡檢查自己，就好。

*譯註：語出《聖經》馬太福音7:1。

主導力決定現實

二〇〇七年，知名的矽谷創投天王彼得・提爾（Peter Thiel）在八卦網站 Gawker 上「被出櫃」，該篇報導用極盡輕蔑、霸凌的口吻嘲諷他私底下的同志身分。

提爾是個極為重視隱私的人，因此，他對於這種事變成鎂光燈焦點大為反感，這並不令人訝異。他認為矽谷之所以了不起，就是因為那裡能包容和容忍各種怪異和複雜的個性。要是每個人還沒來得及為自己辯護前就被定罪，這成了什麼樣的世界？從此個人的性傾向都要遭到如此公開消費？每一個新發想在受到賞識前都要先遭到一番嘲笑？

提爾非常不解，他與朋友共進晚餐時不禁發出這些疑問，然而，幾乎每個人（包括那些有權有勢的人在內）都說他只能拿那篇報導沒轍。無論這篇報導多麼偏頗、低級，由於該網站媒體並未觸法，因此沒辦法要求他們撤下報導。更別說，Gawker 網可是身經百戰，一路靠著虛張聲勢贏了上百件訴訟，他們總是讓對手豎起白旗。

你只能束手無策。

我們聽到這句話的原因，跟人家會這麼對彼得・提爾這麼說一樣，用這種方式叫人放棄比較委婉。

提爾就跟許多人一樣，耳裡聽進了這類說法，就信了那是真的。就因為他「相信」他只能束手無策，以至於多年下來，他都沒有採取任何行動——即便他絕頂聰明，還因為成為臉書的首位外部投資人而賺進百萬家財。提爾接受了他只能無力以對、主導權不在他手上的說法，也就接受了——按照提爾的話說就是——因為他的意念而衍繹出的「現實」。*

就是這麼簡單，無論你是個億萬富翁或平凡人物，無論你多麼絕頂聰明，又或者多麼骨格精奇，光是「恐懼」就足以抹滅某件事是否發生的可能性。如果你相信某件事物非常可怕，那它就真的會變得非常可怕。如果你相信你沒有任何力量，那麼……你就真的沒有任何力量。如果你不去主宰你的命運，那麼命運就會主宰你。

我們可以有兩種方式度過人生的風浪。一個人內在的主導力能決定意念所衍繹的

*譯註：原文 effective truth，基於個人的因素（effective）而形成的現實（truth），意思是由於提爾相信的意念，因而連帶造成的現實。

現實，因而，會有兩種選擇擺在我們眼前：一種是我們相信有能力足以改變我們的處境，另一種則是我們相信只能任憑處境主宰，也許好一點是可以寄希望於運勢，不然就……只好順應因果關係了。

當然，單單憑著「認為」你能做到某事並不代表你就做得到。但是，如果你從起初就不認為你做得到，甚或感到害怕，那麼你能夠做到的機率應該不會太高。無論是不良於行的人想要能再次走路，還是有人想發明某種東西，要是當事人相信自己做不到，那就怎樣都不可能會發生，要是做到了，那也不會是你。

色諾芬是古希臘偉大的雅典騎兵團指揮官。有一次作戰，他的軍隊遭困波斯的中心地帶，十萬希臘大軍頓時群龍無首。絕望的情緒開始蔓延，眾人因為恐懼和沮喪而麻木無法動彈，只能癱在原地等待下一樁更大的災難臨頭。色諾芬試著鼓舞士氣，他動用了相同的二分法。他告訴眾士兵，大夥兒可以用兩種態度看待眼前的情況。

一種是：「接下來我會遭遇什麼事？」

另一種則是：「我可以採取什麼行動？」

數千年後的現代，曾任美國國防部長的馬提斯將軍也曾在遙遠地帶用相同的話語訓誡他的軍隊：「切勿認為自己無能為力，你必須決定如何回應當下。」

提爾曾經寫道：「勇氣比天才還難得。」事實上，是恐懼、不確定感和旁人糟糕的建議蒙蔽了他的天才。雖說他擁有雄厚的財力、堅實的人脈，還擁有了不起的智識和資源，然而這個人卻「相信」他無能為力。

而他真的變得無能為力。

你也一樣，此刻正因許多難題感到煩惱和怯懦。

相信內在的主導力，**相信**，它就存在。

我們不敢去「相信」

心理學家維克多．法蘭可（Viktor Frankl）是納粹集中營的倖存者，他說他很驚訝看到「存在的虛無」籠罩了歐洲和西半球的世界。當世人的良善終於勝過邪惡，科技的進步克服了大自然的限制和匱乏，然而，卻無人開心，無人懷抱希望。他說，世人的心靈被轟炸成荒蕪一片。

經歷過猶太人大屠殺的法蘭可，不甘就此絕望。他對所有未來世代提出了一個迫切需要關心的問題：如果說世上一切都沒有意義，為什麼人們還要努力從大屠殺的地獄存活下來呢？你們有什麼權利如此憤世嫉俗？

可是，這種現代人的無病呻吟仍舊潛伏在社會裡，人們覺得什麼都不重要。

從二十世紀開始出現的「存在的虛無」不斷把人們吸進黑暗的深淵。不論是宗教信仰、愛國心、產業，在這些支撐著人性的重要領域裡，群體的信念每一天都在不斷衰退。我們如何看待自己的歷史定位？千古以來，英勇克服逆境就為創造更美好未來的祖先，我們可認為自己是繼承其遺緒的後人？還是我們把自己看成是無可救藥的種族歧視者、掠奪者和禽獸不如的人類的劣等後裔？我們是人類未來的希望？還是地球的寄生蟲？

過程雖緩慢但卻是肯定的，世間正逐漸拋棄那些過去鞭策我們不斷前進，砥礪我們爬得更高、更遠的事物。人間無仙境，國家邪惡，人民敗壞。歷史不過是各種滔天罪惡的編年紀。如此，還有人能振振有詞地說，個人發揮不了影響力？個人只能受局勢洪流的擺布？個人不可能期盼站出來指引方向，或是抗拒潮流？

有個詞彙形容這種現象：「虛無主義」。

結果，這個世代開始疑惑為何舉目不見任何一個有勇氣的人？請問這問題的意義何在？

說起來可悲，不過這種態度是安全的，因為此話是基於「事實」。這樣說可降低風險，可以抹去判斷的必要，不會有壓力，不會落得讓我們自己或任何人失望。這種態度讓我們有藉口繼續保持現狀，不再承擔風險、不再嘗試、不再需要讓自己置身險境。

學者提醒我們，在古希臘文裡，「勇氣」（andreia）一詞的反義字並不是懦弱，而是「憂鬱」（melancholia）。勇氣，是誠心致力於高貴的理想。其反面意義並不是如同有些人以為的是害怕。而是冷漠，是幻滅，是絕望。是你兩手一攤，說：「到底意義何在？」

如果我們不相信任何事，就會很難找到值得去相信的事。我們是怎麼讓心裡的虛無成為真實？就是當我們聽信旁人說我們無能為力，不可能有能力主導已經發生了的事情的時候。這是一派胡言，因為我們確實能夠決定要如何「回應」事態。如果你害怕你什麼都不能做，你大概什麼也不會去做。

你也會成為不值一提的人物，一個備受呵護、自我感覺良好的微不足道之人。「這在現今已成了一種禁忌，就像是談論性事曾經是一種禁忌一樣，」英國小說家尼可拉斯．莫士里（Nicholas Mosley）如是說，「也就是用一種生命有意義的態度來談論生命。」

我們想活在一個勇敢的世界，成為勇者……卻害怕談論勇氣，因為那會使我們看起來很蠢！

勇者不會絕望，他們相信。勇者不會冷嘲熱諷，他們關心。他們相信世上有事物值得為之付出生命，知道善與惡是存在的。他們知曉生命有許多問題和缺陷，但願意努力解決，而不是袖手旁觀。

「人生是真切的！人生是實在的！」美國詩人朗費羅（Longfellow）在他著名的讚

美詩中這麼寫道。

但就連這麼說（就別說相信它了），都需要某種勇氣。誠摯著實不易，至少不比恐懼和懷疑容易。我們必須堅信一切都存在意義，之於人生，之於我們的決定，之於我們自身。而那個意義是什麼？是我們**做**了什麼，做的決定，以及想要發揮的影響力；是縱使有人懷疑，縱使事實就擺在眼前，我們仍然相信。

因為我們被呼召使之成真。

切莫受人威嚇

古羅馬時代，元老院議員普利斯庫斯（Helvidius Priscus）遭到維斯帕先（Vespasian）皇帝禁止進入元老院，很多人都遭到皇帝的禁令。禁止問問題、打探消息。人們要非常小心，免得一不小心就陷入某種危機。

維斯帕先有什麼意圖？不曉得。也許他是想要強行通過某些立法來掩蓋自己的罪行，也許他只是不想要傷腦筋而已。他曉得採用威嚇手段可以嚇阻羅馬的每一個人，但普利斯庫斯卻不買這個帳。

普利斯庫斯的回應是，「陛下有權力把我停職，但只要在下還保有元老院議員的身分，就必須進入元老院。」

「好吧，」維斯帕先有點驚訝，「但你最好什麼話都不要說。」

普利斯庫斯說，「那麼請陛下不要詢問我的意見，這樣我就不會說話。」

維斯帕先動了氣，「但是朕必須詢問元老院的意見」。

「那麼在下就必須說出我認為是正確的事。」普利斯庫斯回答道。

不難想像，普利斯庫斯接著遭遇到死亡的威脅。「要是你再不停止，要是你不照朕所吩咐的閉上嘴巴，」維斯帕先用手向站在他身後的禁衛軍一揮，「朕會將你處死。」

雖說我們不大可能會遭遇這類這麼赤裸裸的最後通牒，不過情況大致來說都差不多。對方希望我們「聽話」、閃邊去、不要管那麼多……甚或其他。

這樣做有用嗎？是什麼會讓我們選擇閉上眼睛？

遺憾的是，這樣做通常有用，即便是對權大勢大的人也是。普利斯庫斯屬於元老院一員，但是這群精英人士有多數人都決定要向皇帝的威嚇低頭。就算是今日，這種情況仍舊存在。還是有參議員會擔心失去權力核心的位置，億萬富翁避免對爭議事件發表言論，以免被踢出每年冬季在瑞士達沃斯（Davos）舉行的世界經濟論壇，或是他們自己國家的富豪俱樂部。過去離經叛道的藝術家，現在所做的一切只為迎合贊助人和評論家。

即便是權勢滔天的人，有時也會表現得親善一些，只為了打入人際圈。莎劇《凱撒大帝》（*Julius Caesar*）當中，凱撒有名部下問他不欲出席元老院該拿什麼禮貌性的藉口，以免冒犯羅馬的精英。「凱撒要撒謊嗎？」他用第三人稱沉思著。「吾已征戰無數，難道會因為害怕向長者們講出真相而退縮嗎？」

不想冒犯人，不想惹麻煩。

我們不想失去權力，或力量，或退休金，或特權。我們告訴自己可以完成鋌而走險的任務。

因此我們說謊，妥協，或者更糟，退縮。是恐懼造成的，把我們變成邱吉爾用來形容他的政治對手的「沒骨氣的奇觀」（Boneless Wonder）。

沒人想被排擠，沒人想成為攻擊目標或是箭靶。曾經，你花了九牛二虎之力攀爬上這座山巔的最高峰，現在，你面臨可能失去它的想法？還是退一步算了？地位不是也很重要？如果得罪了當權者，又要如何幫助人呢？得到晉升，不就處於更有利的位置嗎？

是的，這些當然重要，但誠如美國黑人運動領袖杜博依斯（W. E. B. Du Bois）所說，**站在泥坑的高處也好過於跪在客廳裡舔人家靴子**。

拳王阿里要參加他的首場冠軍爭奪賽之前，該場比賽的出資人用取消比賽來威脅，試著想讓這位年輕的拳手放棄其穆斯林信仰。「我的信仰比打拳還重要。」阿里這麼說。他全力追求的職業生涯就是要上場比賽，我們可以想像得到他心裡有多害怕，但阿里仍舊沒有退縮。

「但這樣對我有什麼好處？」或者，「但如果我說出來，會對我的特權有什麼影響？」這些，是錯誤的問題。相反的，一個人的內心必須要夠強大，才能夠大聲質疑：「但要是每個人都這樣該怎麼辦？」、「要是每個人都把自身的利益置於一切事物之上？」、「要是每個人都害怕？」

我們的世界會成什麼樣？不會太美好，肯定不是個安全的世界。

這正是普利斯庫斯之所以能夠無畏地直視維斯帕先的眼睛，說出：「陛下將盡到您的職責，我也將盡到我的職責；您的職責是殺人，我的是走上黃泉路，毫無懼怕；您的職責是斥逐我，我的是離開上路，無所悲傷。」

最終，他遭到斥逐，被逐出朝廷，之後遭到處決。他失去了工作，失去了生命，我們最害怕失去的兩樣東西。

不過當他還擁有這兩樣東西時，他實際上真的將這兩樣東西付諸使用。

所有的成長都是冒險

即便是三十五年後，班傑明．拉許（Benjamin Rush）的心版上仍舊鮮明地刻印著簽署美國獨立宣言的感受。當時在場的每一位同樣無法忘懷：「你是否還記得房間裡充斥一片滯悶的死寂？」他在晚年寫信給同樣身為美國開國元勛的約翰．亞當斯（John Adams）時這麼說：「我們一個個被叫喚到國會主席的桌前，簽署被許多人認為是我們自己的死刑令時，整個房間瀰漫著沉重的氣氛。」

簽下了名字，就表示身上擔下了風險。

只有當日後回顧，他們才會知道他們最終是成功了。只有當日後回顧，他們才會顯得擁有先見之明，是勇敢和堅強之士。那時候，拉許才不過二十出頭的年紀，他把自己投入一生中最危險的事件當中。

但他成功了。

童話故事《金鑰匙》（The Golden Key）當中，大地老人讓小男孩看見世界的現實——不冒風險就不會有進步。老人將洞穴底一塊巨石移開，露出一個深得無法見底的深窟。

老人說：「路在這兒。」

「但是這裡沒有階梯。」男孩回道。

「你必須跳下去，沒有其他條路了。」老人告訴他。

那很可怕，但是沒有別條路了。

傳奇高爾夫球手老虎伍茲（Tiger Woods）一定會很希望能維持他的揮桿方式，順應著新的揮桿方式在比賽中開創新局，但事情並不是這樣的。不管是他第一次嘗試，還是第二次、第三次、第四次，都是同樣可怕。

所有的成長都是一次冒險。如果你害怕這一點，將永遠不會做出有價值的事情。如果你傾聽恐懼的忠告，你將永遠不敢邁出那一步，做出那一躍。

我們本可以說些什麼的時候。我們本應該下的賭注。我們本可以遇到的人。我們本應學到的教訓。那些從未贏得的戰役。

要是有那麼一絲確據，要是腳前有條清楚又燈火通明的路徑？如果人生有這樣簡單就好了，那麼我們也不需要勇氣了。

對於串流平台網飛的前總裁里德・海斯汀（Reed Hastings）來說，要是有人告訴他未來的電影和電視節目會發展成用串流收看就好了，但這是不可能的。當然，他對未來的趨勢有個預感，而他手上也有個市值數十億的DVD郵寄租片生意。*為了要抓住前者的優勢，他必須冒後者的風險。他必須朝著伸手不見五指的黑暗縱身一躍，勇敢面對分析師、批評家，還有他自己，就像每一位成功的領導者和企業家做過的那樣。

沒人能告訴你計畫是否會成功。沒人能告訴你問題的答案。沒人能保證你能否活著返家。甚至沒人能告訴你洞到底有多深。要是有人能這樣做，要是那樣做不可怕，那麼每個人就都能做到了，現在也就不需要你來做了，不是嗎？

懦夫會等待永遠也不可能出現的階梯。他們想知道事情成功的機率多大。他們需要時間準備，想要確據，希望能暫時獲得解救。他們為了得到這些會願意放棄任何事，包括此刻一旦錯失就再也、再也不會回頭的機會。

南丁格爾曾提醒世人：「與其無所事事站在岸上，不如在浪中死去十遍，為世人預報通往新世界的道路。」而她確實找到了新世界，想想看，要不是多虧了她，不然無數的無辜生命都會死去。想想看，要是她不夠勇敢縱身一躍，會怎麼樣？

人生在世，短如客旅，生而為一個年輕、獨立的個體，你會希望怎麼度過人生？難道是像個懦夫嗎？如果恐懼是你人生的驅動力，那麼，不妨去害怕你將會錯過的。

害怕要是你沒拿出行動而發生的後果。害怕要是你那麼膽小，別人會怎麼為你的人生下注腳。

想一想你要為這個世界留下什麼。想一想，為了打安全牌要付出何等龐大的代價。你感受到的這種恐懼是個徵兆，如果你的人生從不需要你拿出勇氣，你過的必定是個無聊人生。

讓自己站上需要你的位置，**縱身一躍**。

＊譯註：網飛最初期經營的是DVD租片生意，當時它採用的郵寄到府模式，把百事達打得落花流水。

不要害怕做決定

美國國務卿迪安．艾奇遜（Dean Acheson）人就在現場，他說話時眼睛正在發亮。他所喜悅的，是各國終於能從二戰留下的廢墟當中重新建立起一個新的世界秩序。艾奇遜是馬歇爾（George Marshall）擔任國務卿時代的次卿，接著在杜魯門總統的政府內擔任國務卿。他退休後，仍繼續為甘迺迪總統和詹森總統擔任顧問工作。

艾奇遜好幾次見證了美國歷史上最關鍵、最緊張的時刻，馬歇爾計畫、柏林空投、*古巴飛彈危機、越戰。在這種高壓的情況下，弱者凋零，強者熠熠生輝，能將世界從混亂和毀滅當中拯救出來，靠的是優秀領導者的勇氣。懦夫的表現並非只是丟臉，而是會威脅到數以百萬條生命。

艾奇遜會說：「站在高位，要做任何選擇並不容易。一切皆需在惡與惡之間做選擇，後果難以判斷。」

但會令我們恐懼的，是做出錯誤的決定把事情搞砸，讓事情走向不樂見的結果。要是這樣怎麼辦？那樣怎麼辦？

如果我搞砸了呢？如果其他人不同意怎麼辦？如果有任何意料之外的事情發生怎麼辦？

是該按兵不動？或是奮力一搏？

你該說些什麼嗎？是該嘗試走陽關道，還是獨木橋？

但要是你選的路走不通怎麼辦？

眼前許多選擇，沒幾個是容易的，沒一條路是清晰可辨的。令人害怕的選擇折磨著你，就像是莎劇《凱撒大帝》當中所描述的：「像是置身幻覺，又像是做一場噩夢。」

雖說我們告訴自己需要思考，在權衡輕重後，還是有取得進展。但事實上，我們是因為恐懼而癱倒，許多的選項、猶疑不定、生怕會犯下錯誤等等種種情緒，使我們招架不住。結果，我們是在把自己推進悲慘的境地。

我們告訴自己說這關乎如何選擇，但事實上，我們自以為聰明的「分析」反而使我們癱倒在地。而與此同時，卻有某個其他人正在不斷前行。

有個斯巴達國王率軍出征希臘的故事。每當他要進軍一個城邦，都會先派遣特使

*譯註：一九四八至一九四九年蘇聯封鎖柏林，英美為首的西方陣營以空投方式提供物資給封鎖下的東柏林。

詢問該國，是要把他們當成朋友還是敵人？大部分的城邦都很快做了決定，他們也多半是選擇與斯巴達建立友好關係。可是有個國王害怕承諾，他想要思考他的選擇。所以他就思了又想，想了又思……直到人家幫他做了決定為止。「就讓他繼續想吧，」等得不耐煩的斯巴達將軍咬牙切齒地說道：「我們繼續推進。」

正如這首詩歌所傳唱的，就算你選擇不做決定，就算你想拖延了事，**這仍舊是個選擇**。你選的是維持現況，是讓其他人幫你決定，以及放棄你起來主導局勢的能力。

丹麥哲學家齊克果（Søren Kierkegaard）說過：「怯懦者最害怕的，就是正式做出決議，因為決議一出，就會立即驅散迷霧。」

你其實是害怕看到結果，所以你才會不斷考慮，希望能推遲做出決定。可要是不做出選擇，不就不會輸了嗎？錯，你當然會輸。你輸掉了時機，輸掉了動能，輸掉的是從鏡子裡檢視自己的能力。

勿將自己的安全放在首位

凱撒想要推翻羅馬共和國，原因是羅馬共和國的體制會阻擋他取得天下，而凱撒長期以來的對手西塞羅則似乎主要都在考慮他自己。西塞羅後來說道，無論是面對個人的生活和戰爭，「應該選擇更強大的一方，並認為較為安全的方針為上策」。

他並非為了保護他長期服務的國家而戰，只是靜觀事態如何發展。當凱撒獲勝時，西塞羅在一旁讚揚他，甚至在為他陣亡的朋友發表悼詞時，也刻意審查，以免冒犯新的獨裁者。當凱撒被暗殺，羅馬再次陷入內戰時，西塞羅寧願隨風應變，而不願採取正確的行動。

或許有人會想，至少這樣做西塞羅可以保住一命，但諷刺的是正好相反，過沒多久，他就死在安東尼（Mark Antony）刀下。而要是他倖存下來呢？他的政壇生涯無論如何也都將會告終，因為他已經失去公信力。他的死亡令人感到可悲，不只是因為他喪失性命，也因為他喪失了好幾次能成為英雄的機會。

當然，我們可以站在一旁，讓事情自行解決。我們可以等待選擇站在哪一邊，或支持哪一方取得勝利。也許這樣做會有回報。也許歷史會使我們免受責備。

也許。但在內心深處，你會知道，恐懼留下了汙點。

老羅斯福總統（Theodore Roosevelt）提醒過世人：「從未有過任何令人敬佩的冒險之事，是由優先考慮個人安全的人完成的。」有些事比死更糟。做了這樣選擇的人，為了苟活不免需要忍耐，惋惜著成為英雄的機會就這樣擦身而過。由懦夫統治的世界，宛如地獄。

身為黑人民權運動先鋒的維農．姜斯（Vernon Johns）牧師，被傳到白人法官面前為他某次引起爭議的講道答辯。他本可以道個歉就好，他大可以認輸，保護自己，答應不再批評種族隔離或種族主義。這做法是安全的，而且，按照西塞羅的邏輯，這大概才是正確的做法。與之相反，姜斯牧師用雙眼直視著法官，說道：「美國南方我所到之處，黑人都被迫要在自己的皮囊和靈魂之間做選擇。大部分時候，他們都選擇了皮囊，我現在要告訴他們這樣並不值得。」

會感到恐懼，表示我們在認真考慮自己的利益，但恐懼其實是不折不扣的謊言。出於恐懼而做的選擇，就能保全自我、感到安心？但，這種承諾豈是真？

人天生就是脆弱的生物，沒有什麼會改變這一點。你以為在壞人底下做好事就沒你的責任，那你就是個傻瓜。你覺得你推託、延宕，該來的報應就不會來？沒有這種事。此刻，也就是你選擇無視的現在，無論是浮現某個冒險但有趣的機會，還是在召喚你對某件痛苦但應為之事採取行動，選擇皆取決於你。

我們喜歡想像就算做出平庸、安全的決定也能擁有非凡人生，事實並非如此。那些平庸的決定，也就是專家會建議你要做的決定，不會受人批評的決定，才是讓人們遭遇混亂和危急時刻變得弱點畢露的罪魁禍首。

不妨想想，多數人都是平躺著死去。站起來，積極進取才是更好的自保之道！現代管理學之父彼得．杜拉克（Peter Drucker）說過：「嘗試開創商業未來是有風險的，但不嘗試的風險更大。」因為該來的還是要來，終究會有其他人去嘗試，那時你會變成「站錯邊」，或是被趨勢遠拋在後。那時，你就會失去主動權。

人生無時無刻沒有風險，正如詩人狄倫．湯瑪斯（Dylan Thomas）所說的，每一天「都是無法確知的」。*公司做再多收拾殘局的工作都改變不了這一點。再怎麼躲藏也無法保護你不去面對可怕的事。我們已經幸運地從平均法則逃過一劫，我們從出生就注

＊譯註：出自《牛奶樹下》（*Under Milk Wood*）。

定了死亡。若你能意識到這一點，就不會再那麼畏首畏尾，不再擔心各種危險和各種可能會出錯的事情。

風險又如何？那只不過是風險評估表上一個微不足道的小黑點罷了。可以確定的是一切都是不確定的，無人能真正保證安全，無論你我。當我們優先考慮自我安全的時候，事實上是逼近更多危險，受人遺忘的危險、惋惜錯失機會的危險、落入與「壞人」串謀的危險。

你要如何面對這危險？

「我會怎麼樣？」沒人能告訴你答案。但有了勇氣，你可以自己說出：「雖然前路艱險，但我會保持我的內心完好無缺，度過這一切難關，我會全力以赴，我不害怕」。

恐懼是要讓你了解某件事

一九〇一年，老羅斯福總統心裡有些猶豫，但他還是邀請了教育家布克．華盛頓（Booker T. Washington）到白宮晚餐。那是美國史上，第一次有黑人成為在任美國總統的座上賓。

老羅斯福總統之所以猶豫，是因為他感到害怕。他擔心他的南方親戚會怎麼想，他不知道報紙會怎麼評論，種族偏見的選民可能會棄投，他可能會失去南方選民的支持，輸掉下一次的選舉。這位美國的在任總統，曾是在美西戰爭帶領「莽騎兵」軍團（Rough Riders）自殺式衝鋒的將領，曾經獵殺過熊，曾經克服嚴重的兒童疾病，戰勝憂鬱、悲痛和難以計數的難關，卻**害怕人們會怎麼想**？

這是個可怕的狀況。正如《紐約時報》隔天以頭版頭條登出：「華盛頓人士根據規定譴責總統違反先例，馬里蘭會戰染上汙點」。

按著**規矩**譴責！但其實，正是老羅斯福總統的種種恐懼促使他決定要承受這些。

「我有一瞬間因為他的膚色感到不安，正是這件事使我感到羞愧，」老羅斯福在寫給一位民權顧問的信裡這麼說，「這驅使我加速發出邀請函。從結果來看，我很慶幸我邀請了他，此舉所引起的喧囂使我感到這個行為是必要的。」

沒有哪一條規矩是完美的，但這一條是正確的：我們心裡的恐懼宛如一支自我省察的箭，會指引我們做正確的事。我們心裡有部分知道我們該做什麼，但另外卻有個聲音不斷提醒我們無法避免的後果。恐懼會警示我們要小心危險，但也在提示我們機會。若非那是可怕的，不然每個人都會跳下去做。若非那是不容易的，不然也不會帶來成長。這種試圖自我保護的感覺，就是金屬探測器響起的聲音，或許那是在提醒著我們什麼。

是要忽略它？還是要更進一步挖掘？恐懼生遲疑，恐懼永遠會找到不去行動的理由，也因此恐懼難以成事。如果我們發現自己並未經常體驗到這種猶豫，就該知道我們對自己的要求還不夠。

反過來看，不妨也試著想像布克．華盛頓的猶豫。他是冒著生命危險接受老羅斯福的邀請，他有可能會觸怒那些捐錢給他的南方白人，這麼做等於是去捅一個麻煩的馬蜂窩。參議員班傑明．迪爾曼（Benjamin Tillman）回應此事時說：「我們要殺掉一千個黑鬼，**才能讓他們知所進退**。」*

然而華府仍舊勇於逆風直上，不受威脅，無所畏懼。老羅斯福總統的姪女，也就是後來小羅斯福總統的夫人艾蓮娜・羅斯福（Eleanor Roosevelt），曾談到過所謂**你做不到的事**，那幾乎就是「你該做的事」。也就是，當有聲音說你不被允許，當有人說你會後悔你的決定，當你的胃裡升起一股不適，使你猶豫不決的時候。

我們的客人會怎麼想？要是競爭對手用這件事來對付我們怎麼辦？要是這樣做不成功怎麼辦？人們會不會不悅？

去他們的。你就是下決定出庭作證，下決定全心投入新事業，用別出心裁的方式來冒險。決定你要回覆記者的電子郵件，決定將你猶疑不決的話說出口。他們會說不要聽從恐懼的聲音，但或許我們就是該聽聽恐懼的聲音怎麼說。

我們應該仔細聽，接著反其道而行。

＊截至二〇二一年，迪爾曼參議員的銅像仍舊矗立在南卡羅來納州議會的場地內，讓人感到難以原諒。

最可怕的是誠實做自己

法蘭克・賽皮科一九六〇年代紐約市警局的一名異類。他有多與眾不同呢，當時多數警察都是愛爾蘭裔，只有他是義大利裔，留著長長的頭髮，喜歡歌劇和芭蕾。多數同袍都是住在寧靜的市郊，只有他住在格林威治村。

賽皮科養了一隻白色的牧羊犬，喜歡穿背心、皮衣和各種奇裝異服，而這只是在他沒有穿上「戲服」的時候。賽皮科穿著精心製作的服裝把自己偽裝起來，以便能堂而皇之地走上大街逮捕罪犯，這是一個一點也不罕見的場景。然而晉升的機會總是一次又一次跳過他，降臨在其他臥底警探身上。

賽皮科是個特立獨行的異類。感謝上帝。

有位跟賽皮科並肩查案的檢察官抱怨他很難搞，賽皮科則是提醒對方，要是他有一絲不難搞，流露出一絲跟警局同僚同流合汙的傾向，**今天紐約市就沒有機會揭發警察腐敗的醜聞了**。

理論上來說，每個人生來都是獨一無二。個人的ＤＮＡ組成在個人誕生到這個世界前都未曾存在過，不會有任何人經歷過我們的獨特經歷。然而我們卻是如何看待這項特別的傳承？我們將之撇到一旁，選擇不做自己，隨波逐流，最好不要惹人注目。

很難想像在紐約警局裡，警察認為收賄會比潔身自愛更容易，但這是事實。在群眾當中站出來，就是讓自己成為箭靶，雖然與眾不同，但卻從此孤單。

出於恐懼，我們從眾。出於恐懼，我們不做正確的事，自我噤聲。甚至不准別人做自己，因為那會讓我們感到不快。

難搞、怪異、我行我素的自走炮、麻煩製造者，還是同志、怪咖？前聯邦調查局局長胡佛（J. Edgar Hoover）、蘇聯國安局ＫＧＢ或納粹蓋世太保的檔案中，處處散布著這種形容詞。當儒夫遭到勇者的挑戰，或是給他們非法政權或不公不義的存在構成威脅時，就會冠上這種形容詞。

當我們看到有人能夠自由自在做自己而感到羞愧時，我們口裡也會嘟囔著給他們冠上這些封號。

這是一種奇怪的心理。我們希望別人都能自行摸透這種潛規則，暗地裡期待每一個人都站在同一陣線，希望大家接受相同的文化。在軍隊裡，我們期待軍人穿著同一色制服，甚至理著同一種髮型。最好別人都能乖乖聽話、循規蹈矩……

然而，人們卻莫名地期望自由思想能蓬勃發展，新發明和新點子從天而降，人人都能表現出非凡的犧牲和勇氣。彷彿這些事物可以跟一個叫人低頭順從的世界共存。

會有這些壓力，是為了要磨圓稜角，消除阻力，不然的話……**不然怎樣？**我們要問。《聖經》詩篇第二十七篇：「雖有軍兵安營攻擊我，我的心也不害怕；雖然興起刀兵攻擊我，我必仍舊安穩。」

不管是誰，還是有多少人來找麻煩，**你都必須信心地、真實地、勇敢地做你自己**。

說來有點諷刺，像南丁格爾那樣的女性主義先鋒竟會批評那些想要「像男人」的女性。她要說的其實是，「做自己就好」。我們不需要任何人像猴子般模仿任何人，也不需要本能地拒絕任何人。所有人都會面臨到其他人的期望和刻板印象。我們會抗拒這一點，同時，不妨記起斯多葛主義哲學家塞內卡的建議：我們沒必要在每一件蕞爾小事都與群眾抗衡。無須為了標新立異而與眾不同，任性的叛逆可能只是一種防衛機制。但如果，我們把外表弄得跟其他人一樣，最好確保內在保有自我本色。做我們想做的自己，內心深處才懂得的自在。

敢與眾不同的勇氣，是敢於想他人所不敢想，見他人所不見，聽他人所不聽的事物。許多吹哨者藝術家之所以看起來像怪咖，這不是什麼巧合。這恰恰是因為他們的

「怪」，讓他們看見其他人所看不見的事物。

不管這人是個警察，是個軍人，是個哲學家，還是搖滾樂悠久傳統當中的一位音樂家。握住某人的手，給他加油、打氣。確知在表相之下，**保有真本色**。沒有讓恐懼讓你閉上嘴，或壓服你。沒有僅僅是因為**別人都這樣做**，你也跟著照做。

堅守初心，保持真實，偏離真我乃膽怯之舉。不要讓怯懦的意見影響你的所思所行，因為你的未來均繫於此。

人生少不了公眾的眼光，去習慣它

傑瑞．溫特勞勃（Jerry Weintraub）想當個演員，他來到紐約的社區劇場戲劇學校，跟著桑福德．邁斯納（Sanford Meisner）學習演戲，他還有個同學名叫詹姆士．肯恩（James Caan）。你或許看過詹姆士．肯恩演的電影，但卻沒看過傑瑞．溫特勞勃，那是有原因的，而那個原因就是恐懼。又或者，該說是恐懼的另一種身分：**羞恥**。

傑瑞和詹姆士為了張羅舞蹈課需要的衣物——還是現代舞之母瑪莎．葛蘭姆（Martha Graham）親自授課，兩人來到百老匯大街上的一家店。當傑瑞試穿上跳舞用的緊身衣，這位出身布朗克斯（Bronx）的悍小子，照了一下鏡子，就知道他不可能穿著這一身暴露於大庭廣眾之下。然而，同樣是出身布朗克斯，父親是個肉販，同樣也認為自己是名硬漢的詹姆士．肯恩，也望向同一面鏡子，卻沒有讓自我意識占上風。

正如報導作家里奇．科恩（Rich Cohen）的文章中寫道，「這件事可說是個分水嶺，是關鍵的時刻。詹姆士．肯恩願意穿上芭蕾舞鞋和緊身衣，因此他的名字在演職人員名單裡，上得了像是《教父》（*Godfather*）裡的桑尼．柯里昂（Sonny Corleone）

的位置。至於傑瑞・溫特勞勃，則是因為胸中塞滿想保住尊嚴的正常人會升起的羞恥感，沒有穿上舞鞋和緊身舞衣，以至於他的名字只能出現在製作人這一欄」。

他們當中其中一位曾獲奧斯卡金像獎的提名，另一位則是製作出《小子難纏》（*The Karate Kid*）系列電影。兩人都很成功，但只有一位實現了他們年輕時共同的夢想。只有那一位敢大膽地勇敢站到攝影機前，駕馭那個畫面。

我們大多數人雖說不需要登上大銀幕，但我們都會遭遇這種不欲被人**看見**的情況。我們害怕他人的想法，害怕在大庭廣眾下出洋相的這種恐懼，跟攔阻一個人勇於上場挑戰的恐懼不盡相同，但這終究會限制我們，剝奪我們追求命定目標的勇氣，最後的結果其實沒什麼兩樣。

沒有任何一種改變、嘗試、探索，在一個人的眼裡看來是不陌生的。要是沒有格外引起自己的注意，也幾乎不可能達成任何成就。把賭注押在自己身上等於是冒著失敗的風險，在大庭廣眾之下做這些事是冒著丟臉的風險。任何要踏出舒適圈的人都應該心知肚明。但是我們常常還是寧願死也不想要渾身不自在。

知名的喜劇演員傑瑞・史菲德（Jerry Seinfeld）曾說過，人們對於公開演講的恐懼更甚於死亡。說起來很瘋狂，這意思不就是說，在一場葬禮上，一般人寧願是躺在棺材裡的那一位，也不想上台發表悼詞。

古羅馬時代，大概找不出比克拉蘇（Crassus）更厲害的演說家了，他因精采的演說和對腐敗與邪惡的控訴而聞名。至少，他給觀眾的印象是這樣的。但你恐怕猜不到，克拉蘇後來自承，每一次演說開始時，他都會「感到我全副的思緒和四肢都在顫抖」。就算他的演說技巧精良，他仍對自己有所懷疑，仍舊會在上台前，感受到一陣陣焦慮有如巨浪般打來，深怕恐懼會使他崩潰。

在他職業生涯剛開始的時候，這種情況甚至更糟。克拉蘇曾描述過他對某位法官的永恆感激。他在法庭生涯初期的某一次公開亮相時，當時的法官看到年輕的克拉蘇「因為恐懼而心神不寧，完全喪失說話的能力」，便直接裁定休庭，日後擇期再開。可以想像，克拉蘇暗地裡必定無數次祈禱能免於公開上場說話的酷刑，那種痛苦恐怕僅次於被人擊倒死亡，而法官的大發慈悲，讓他免於這種痛苦。

然而，要是克拉蘇沒有努力克服這種恐懼，我們今天也不會談論他了。他會否寧願獨自一人在書房裡從事法律工作？那是肯定的，就好像賽皮科恐怕也會希望他可以按照自己喜好的方式穿著，沒人會對此有意見。但這就是人生，沒什麼好**寧願**的。一次又一次，我們就是必須要站到台上去。如果你連克服恐懼，上台發表演講這樣的事都做不到，那麼當重要的時刻來臨時，你又怎麼會有勇氣做到呢？

你要準備好面對舞台、克服怯場——這種恐懼就算你已經精通演講的藝術，仍然時不時地會跑出來；要走上證人台；要向齊聚一堂的員工發表壞消息。你只能不要去想觀眾會怎麼想。如果你無法做到這些，就永遠無法做出原創的事業。你不僅必須要脫離群眾，還要能站到他們跟前，說出你真實的想法或感受。之所以叫做「公眾生活」是有原因的，因為我們的成功不可能在私底下發生。

說來諷刺，斯多葛學派論者指出，儘管我們總是自私地關心自己，但我們似乎重視他人的意見更甚於我們對自己的看法。曾為奴隸之身的愛比克泰德這麼說的：「如果你想要求進步，那就要滿足於在人前顯得無知或愚蠢。」你做得到嗎？你必須做到。

當我們為了逃離而尋求舒適，不想引人詫異，隱身到眾人後方，這同時也就逃離了機會。當我們向恐懼退縮，容許其決定我們要做什麼和不做什麼，我們會錯失許多。不單是成功，而是去實現的機會。

如果我們不在乎臉紅，會成為什麼樣的人？如果我們不介意成為目光的焦點，會成就什麼？試想，要是我們夠強悍到能面對挑戰，要是我們願意不怕失敗，而且還願意在眾目睽睽下失敗，會怎麼樣？

你會選擇哪一種傳承？

試著想像古代先民面臨生存時的純粹恐懼，想像一個孩子誕生到這世上，但存活率卻不到百分之五十。想像一個小老百姓，不只要忍受君王，還要面對老天爺的喜怒無常，度過天災、人禍、經濟的蕭條，還有生存的不確定課題。

面對種種難關，他們怎麼做？無論如何，就是繼續想辦法活下去。

有人靠雙腳跋涉到新大陸，有人重建大火後的廢墟，有人穿上盔甲投入戰鬥，有人向政府聲討應得的權利，有人怒目逼視暴民，有人在死亡籠罩的夜裡，偷偷逃離奴隸生涯或貧窮匱乏的生活，有人探索科學新發現。這些人，最終都直接、間接地創造了你。先人的血液在你的血管湧動，他們的DNA已經內建在你體內。

即便你並非出身自豪門望族，即便你來自受壓迫的少數族群，即便你是奮鬥求生的倖存者。「你出身自堅強剛毅的農民血統，」黑人作家詹姆斯・鮑德溫對他的姪子解釋道，「就是負責採棉花、築水壩、造鐵路，克服最難纏的險境，建立起不容置疑的不朽尊嚴的那群人。」

家族中是否也有人曾經害怕恐懼過？當然，我們都會恐懼。但我們可以選擇延續哪一種傳統。被困在波斯地帶時，古希臘將軍色諾芬對著瑟瑟發抖的手下說：「我要提醒各位，現在我們遇到的危險，我們的祖先也遇到過。這樣各位應能明瞭勇敢才是應為之事，在眾神的幫助下，勇敢的人即使在最困難的險境下仍能常保安全。」

別忘了，歷史不是童話，而是有血有肉的。歷史上的先賢先烈，真實、如你我般平凡的人——不見得比你優秀，且肯定不如你健壯——勇敢迎接命運，承受命運女神的拳頭，竭盡全力一搏。他們失敗過、犯過錯、被擊倒過，但他們存活了下來。他們活下來的時間夠久，以至於能夠推動世界向前邁進。某些情況下，他們確實是有些人的父母，而在更多時候，這些人是我們象徵意義上的父母。

其中不是沒有膽小鬼，但我們可以把這些人從家譜中剔除。

當我們感到害怕，不妨以前人為榜樣。我們可以瞻仰他們豎立的紀念碑，閱讀他們執筆的歷史文件，因為這是屬於我們的傳承。

先人將棒子交給了我們，你要接下它嗎？

南丁格爾晚年曾在蠟筒留聲機留下一段錄音，她說：「當我為世人遺忘，變成只是一個名字的時候，我希望我的聲音能保存我一生的貢獻。」

不要害怕開口

第一線應變人員曉得，他們的職責是要在其他人都在逃跑時，跑向災難現場。身為父母，總是把孩子的利益看得比自己還重要。常保開朗的人曉得，其他人多麼寄望從他們身上獲得幽默和盼望。

但有人知道他們也會求助嗎？你可知道？還是你也害怕嗎？

歷史上來看，斯多葛學派人士顯得堅強又勇敢，毫不抱怨、毫無猶疑地完成職責。他們懷著勇氣擔起重擔，並在必要時心甘情願地為他人擔起重擔。但如果這樣就以為他們是某種超人，從不掙扎，從不動搖，從不需要任何東西，那就錯了。跟所有人一樣，他們有需要時也會求助，而他們也不會害怕這樣做。有時候，這才是最堅強、最勇敢的表現。

「需要幫助並不丟臉」，奧理略寫道，「就像是一名士兵，你有個攻上城牆的任務要完成，要是你受傷了，需要同袍拉你一把？那又如何？」

確實如此，**又如何**？

你需要的是一隻援手，不是施捨。你尋求的是忠告，不是要免除肩上的責任。你是要治好傷，這樣你才能回去戰鬥。你出聲求救，不是要乞憐或引人注意，而是這樣做，以免同樣的事發生在其他人身上。你並非要求取一個不公平的優勢。而是要善用機會，和恰恰是為了你所處情況而設計的保護措施。

多年來，某位成癮者害怕發聲求助，害怕承認他們自己的無能為力。多年來，某位高階主管坐在辦公桌後面，強自按捺下冒名頂替症候群的不適，*不敢問別人是否也有相同的感受。多年來，某位母親為了孩子獨自忍受憂鬱症的折磨，不敢出聲要求其他人的陪伴和支持。多年來，某位退伍老兵一直把痛苦隱藏在心裡，害怕顯露軟弱，為了表現得像英雄而付出了真正的代價。

我們害怕敞開心胸，不敢分享心事。不想讓任何人知道我們內在的感受，結果每個人感到的只是更多的孤獨。需要多大的力量才能擊退這種恐懼，無法或不願這麼做會帶來多大的痛苦。

*譯註：冒名頂替症候群（imposter syndrome）是一種心理現象。通常發在成功人士身上，有此症狀的人懷疑自己的能力，把自己的所有成就歸功於運氣或巧合。

做學生的時候，提出一個問題，會發生什麼事？會學到一些以前不知道的事。朋友之間互相傾訴痛苦，會發生什麼事？兩人的友誼更形堅固。當員工承認工作量太大時，會發生什麼事？公司會雇用新人，提升工作效率。當有人鼓起勇氣說出某件羞恥的事對他們造成影響，社會會動起來採取行動，有人可以幫助阻止這種現象。

有時候，光只是「問」就是個突破，只要「承認」就能釋放內在的某種東西。現在，我們有足夠的力量來解決我們的問題。

我們和我們的祕密一樣病態。不敢說出口，就是讓恐懼來主宰我們，拒絕去驗證的假設會使我們無能為力。

需要停下來歇一歇是很正常的。需要有人伸出援手是可以的。需要確據，需要善意，需要原諒，不管需要什麼。需要治療？去吧！需要重新開始？沒問題！需要站穩在某人的肩膀上？當然可以！

如果你不開口問，你就沒法得到任何這些。你要是害怕承認，就無法得到你需要的東西。所以，現在就開口問吧，趁著你有勇氣的時候，現在還不遲。

我們一起扛下了任務，我們是夥伴。開口尋求幫助。這樣做不只是勇敢，還是**應為之事**。

當我們超越一切

實際投入戰場之前，恐懼是種正常的情緒反應。這是準備期間的最後階段，即是「未知」……這裡是你證明你是優秀士兵的時刻。你在此將遭遇第一戰，也就是與自己的戰鬥。完成之後，你將準備好與真正的敵人戰鬥。

——《軍隊生活手冊》（*Army Life*），一九四四年出版

會恐懼都是有理由的。這很合理，不然的話，我們在生理上不會感到恐懼。將保全自我的意念置於一切之上確實有好處，而且最大的好處就是：可以讓自己活下去。不過我們沒說出口的問題是，恐懼會帶來好處嗎？當然有。只不過問題是，如果每個人無論何時都把恐懼表現出來，這會是種什麼景象？我們心知肚明，那簡直就像地獄般的場景。試著想像看看，人生會變得更加可怕。

因此，正如英國作家蕭伯納（George Bernard Shaw）所說，理性的人會讓自己去適應世界，而進步則是取決於不理性的人的勇氣。會恐懼並不奇怪，為了躲避風險，為

了適應，為了妥協。這是自利，但肯定是安全的做法。「樹大會招風」、「切勿違反常情」、「老百姓鬥不過官老爺」，有無數的俗語體現了這種想法。

可是呢，如果每個人都相信這一套，如果我們接受讓恐懼宰制一切，這些俗語都將真的應驗，正將無法勝邪，現狀將無法突破以至於開創新境界，一切都不會進步。那不會是人們所樂見，那不會是上天賦予世人的使命。對某些人或許是吧，但相信不會是你。

我們自己可以選擇要聽從哪一種聲音。我們是想打安全牌、把格局做小，是要害怕、順應世情，是要隱藏真我或是憤世嫉俗。我們是否要打破這些恐懼，是否要開拓自己的一條路，度過窄橋往下看時是否會害怕想要折返，還是勇敢繼續前行？都是關乎我們自身。是要拿出勇氣？勇敢面對恐懼？由我們自己決定。

不是一定要這樣做，但我們無法迴避這個事實：**勇氣是所有美好事物之所繫**。

我們所**追求**的人生目標，以及世界所**需要**的一切，通通都在**恐懼的對立面**，而要實現它們，必須依賴勇氣，前提是我們必須**主動**採取行動。

第二部／勇氣

奮勇對抗強大的勢力，無畏迎向敵人！
單槍匹馬面對他們，一個人能承受多重！
面對面直視衝突、折磨、牢獄、眾人的厭憎！
即使登上斷頭台、衝向槍林彈雨，亦不為所動！
追求與上帝並肩！

——美國詩人華特・惠特曼（Walt Whitman）

勇氣是對恐懼的**管理**和**勝利**。這是一個決定——無論是在危急的時刻或是我們日復一日所遭遇，在其他每一個人都已經放棄的時候，扛下掌控權，宣告你的主導力，奪回情勢，主導自己，不屈服於命運。我們可以詛咒黑暗，但我們也可以點起燭光。我們可以等待某人降臨拯救我們，但我們也可以決定站出來靠自己的力量。要選哪一個？每一名英雄都會面臨這樣的選擇。這叫做「discrimen」，翻轉未來的關鍵時刻。你會勇敢嗎？你會讓自己站出來嗎？你會展現出什麼樣的品格？如果怯懦是指未能完成自己的職責，那麼勇氣就是挺身而出，回應召喚，抹去恐懼，掌握命運。去做你不會但應該要做的事……即使你不知道自己是否會成功，還是拿出毅力與元氣、膽量與意志力。這不會是件容易的事，但我們不能害怕。就像莎士比亞所說，我們必須「迎接時代追上我們的時刻」。我們的命運就在此，上前抓住它。

我們接受的使命召喚……

有一人拯救了法國。戴高樂（Charles de Gaulle）將軍深信法國值得努力挽回，結果他單槍匹馬地實現了這一點。

隨著法國於一九四〇年六月淪陷，德軍坦克不只是輾壓過法國的土地，恐懼也輾壓了法國的領袖，他們以飛快的速度悄悄與現代歷史上最惡質的侵略者談妥投降，而戴高樂只好登上一架小飛機，飛往英國。

這是他人生中最心驚膽戰的一次飛航。不只是因為他搭乘的飛機很有可能被擊落或甚至是他在起飛前就可能被捕獲，也不是因為他的家人搭乘的其他架飛機也可能會墜毀，致使機上乘客死亡。「想起那時候的我，」當他回憶那短短的一小時半航程時說，「獨自一人，被剝奪了一切。我感覺就像個站在海岸邊的人，期盼能獨力游過這片海洋。我感覺我在團結一心的法國和眾志成城的軍隊保護下所度過的人生，即將走到盡頭。」

戴高樂並非法國的民選領袖，也不具貴族身分。他甚至不是軍階最高的將領。當然，他不是一個普通的老百姓。才剛晉升為准將和國防副部長的戴高樂，是唯一一個敦促法國總理要持續戰鬥，將國家從深淵拯救出來的人。而與此同時，他也不過是個凡人。一個還沒準備好要放棄，還沒準備好看著他的國家放棄的平凡人。

因此，他**沒有**放棄。

飛越英吉利海峽，平安降落英國土地後，戴高樂立即與英國首相邱吉爾會面。他得到了一個機會，讓他隔天可以在英國廣播公司 BBC 電台上發表演說。那時候的他，手下沒有一兵一卒，幾乎身無分文，胸中沒有任何計畫，手上也無任何實權可動用，但不知怎的，他竟然贏了。

有句話說，「若有勇氣，即使是一個人，堪比千軍萬馬」，這說的就是戴高樂。「我告訴各位，法國沒有失去任何東西，」他在那場著名的廣播中大聲疾呼，「征服我們的相同手段，有一天將會為我們帶來勝利。因為法國並不孤單，法國不孤單！法國不孤單！」

但其實，法國**是**孤單的。

戴高樂透過廣播發表演說，本來主要是想對英國協助撤離至英國的數千名法國官兵喊話。他想號召大家跟隨他一起戰鬥，為了祖國而戰。然而，這些法國官兵中卻有大部分人要求遣返回國，回到納粹所建立的維琪法國。跟納粹合作的貝當（Philippe Pétain）將軍是戴高樂的老長官，被法國人視為了不起的一戰英雄，然而他甘願被德國利用來建立一個魁儡政權。繼續戰鬥下去有什麼意義？誰能抵擋得住希特勒無人能敵的攻勢？

戴高樂在電台試音的時候，他只喃喃重複兩個字：法國。超越一切理智和現實，他發自內心地相信著他的國家。他相信貝當的投降並不合法。這個信念好似為他指引方向的北極星，儘管看似多麼地超乎理性。他相信法國能夠被拯救。

然而現實情勢是黯淡的，戴高樂、在毫無奧援逃出來的妻小，以及少數（經邱吉爾揀選，受到英國力量支持的）幾位軍官，是正統法國所僅存的幾個人……

這樣夠嗎？

「在你所涉及的每一件大事上，你似乎總是站在弱勢的一方，不是嗎？」在他生命將盡的時候，身分是作家的反抗領袖安德烈．馬樂侯（André Malraux）如此扣問戴高樂將軍。

「我同意，我總是弱勢的那一方，」戴高樂答道，但他說：「我曉得我遲早不再會是那樣。」

拿破崙（Napoleon）恐怕是其成就與戴高樂相比，不會相形見絀的法國英雄，他有一句名言：「只要勇氣尚在，就不會失去任何事物」。戴高樂有勇氣去回應召喚，也就是接下領導眾人的重擔，抗拒內心裡會將他拉向不同選擇的絕望感，以動物般的凶猛，選擇一條戰士的道路，不屈服的道路。

然而在我們的時代裡，二十世紀的中葉，人們幾乎不再相信歷史偉人所抱持的信念。一個人真的能改變世界？我們真的能發揮影響力？還是說我們必須屈服於時代和趨勢之下，壓倒一切的力量？

「人類意志對於連鎖事件的干預具有不可逆轉的成分在，」戴高樂在戰爭爆發前曾這麼寫過，「責任這個沉甸甸的重擔，少有人能獨自承受，這就是為什麼就連具備最高的智力都不夠。毫無疑問，一個人若有聰明才智會有幫助，好的直覺也能加分，但最終，能否痛下決心需要道德的因素來推動。」

但我們不能忽視實際的因素，維琪政府在他缺席審判的情況下將戴高樂判處死刑。在最後一場戰爭中，他受了好幾道傷（包括被刺刀刺中），他曾淪為戰俘，他還嘗試逃跑，冒著天大的危險，無懼、不懈。試想，當他的妻子需要多大的勇氣。戴高樂夫人攜著三名幼子（其中一名患有唐氏症），想辦法在船上占據了一個位子，在四面受敵的情況下，安全抵達倫敦。在接下來的數十年期間，戴高樂和妻子躲過三十次重大暗殺。

有一次他們搭的座車遭到襲擊，槍聲平息後，只見他們的車子布滿機關槍彈孔，車窗碎成一片，車胎爆掉，然而戴高樂夫人毫髮無傷地走出來，冷靜查看不久前她放在後車廂裡的雜貨。戴高樂嘲諷暗殺者的準頭，他說：「這些人開槍就像豬一樣。」這個家庭已經駕馭了恐懼，甚至已經能超越恐懼。

由於世間都知道戴高樂獲得最終的勝利，因此，人們的印象中都以為法國是團結一心，合力對抗外來的侵略者。很可惜，實情並非如此，法國人其實很害怕。他們找出各種藉口，他們眼中只看到不利的條件，然後告訴自己已經無望。令人震驚的是，法國人竟願意接受希特勒的統治，屈服於納粹的野心擴張，只盼能很快換來生活如常無波。但結果是，法國勞工被納粹使喚來拖曳德國戰爭機具，無數法國猶太人被送進集中營。*

可以這麼說，他人的懦弱成就了一個人成為英雄的機會。戴高樂在一九二〇年代時曾這麼寫過：「當情勢變得險峻，險境變得逼人的時候，會有一波波的浪潮將擁有高尚品格的人推向最前方。」戴高樂就遇上了險峻而逼人的情勢，你也有可能會遇上。而他做好準備回應召喚，甚且，他還向每一個願意跟隨他的人**發出同樣的召喚**。

有些人逃跑，有些人則是挺身而出，就是這麼簡單。

戴高樂的勇氣在某種程度上激發了法國的抵抗納粹運動。不管是明言或暗示，他的法國同胞遭人批評缺乏戰鬥的勇氣。希特勒是靠著恐懼來領導。就像魔鬼一樣，他鼓動的是人心中絕然的惡。而這也是為什麼戴高樂受到如此尊崇，因為他不做任何承諾，他只是發出要求。他告訴眾人：「我們的職責就是抵抗。」我們受到更高的力量召喚，加入一個更高的志業，必須讓自己獲得自由。最後，約有四十萬名法國男女加入這場抵抗運動，他們炸毀橋梁、收集情報、製造破壞行為，將人從集中營救出，一個一個地單挑敵人，在盟軍發動反攻前削弱德軍的力量。

這就是勇氣的特點，跟恐懼一樣，它是會傳染的。戴高樂勇於投身，無所畏懼，正是這點鼓動了他身後的法國人民，甚至是全世界。勒內・普利文（René Pleven）是最早幾位加入戴高樂抵抗運動的法國政治家之一，他寫信給妻子時說道：「我向你保證，當一個人眼睜睜地看著眾人逃跑，他會對自己親身面對危險感到自傲。」一份英國

*不難想像，要是戴高樂身患特殊疾病的女兒安（Anne）留在法國，會遭到多麼恐怖的命運。

的報告說明：「戴高樂將軍象徵著尚未失志、尚未退讓的法國，他獨自行動。」

一九四四年六月，超過兩百萬人的盟軍軍隊登陸法國。到了八月，巴黎得到收復。抵抗運動人士苦苦地在沙漠裡、在黑暗中撐持了四年，終於等到黎明來臨。「巴黎，巴黎遭到凌辱，巴黎遭到破壞，巴黎殉了道，但是，巴黎收復了！」戴高樂在勝利演說中如此說道，「靠著它自己、靠著它的人民，靠著法國軍隊的幫助，靠著全體法國人的支持和幫助，我們是奮鬥的法國、唯一的法國、真正的法國、不朽的法國！」

一名電台記者站在群眾中，他留意到當下這個眾人盡情宣洩激動之情的時刻，也充滿了驚心動魄的危機。畢竟這場戰爭還沒打贏，敵軍只是退到看不見的隱蔽處，各處還是能聽見槍響和爆炸聲，但戴高樂對此似乎並不在意。

「這是我所見過最驚心動魄的場景，」BBC記者勞勃·李德（Robert Reid）上氣不接下氣地報導著，「四周突然響起槍聲……戴高樂想辦法控制急忙衝進教堂的民眾。他直接衝往在我看來是火網所在的地方，但他沒有一絲猶疑，他甩動肩膀，走向中間走道，此時子彈都還在他四周飛舞著。這是我所見過最非凡的勇氣展現，他的身邊充斥著轟隆隆的聲音和火花，但他彷彿有神功護體般，一點也不害怕。」

接著戴高樂前往香榭麗舍大道，加入兩百萬名法國同胞發起的遊行。他原本是單槍匹馬地行動，直到如他所預言的，他不再孤單為止。

勇氣勝過了邪惡，一人可比千軍萬馬。

誠然，我們必須了解勇氣不僅僅是堅持立場，並非只是像希臘神話裡大力士海克力士的選擇，是要選簡單的路還是艱辛的路。他選擇的是艱辛但光榮的路。

法國淪陷後，在絕望的谷底徘徊了很久。法國人建立起流亡國家，靠著無線電廣播凝聚民心。戴高樂必須緩慢、穩步地重新掌控法蘭西帝國下的廣大政府。他必須去募款，召集將領，憑著智計勝過政敵，還要打一場公關仗。他必須與盟軍協商戰略，要是沒人徵求他的意見，他會懊惱，捶拳、吼叫，上演一場鬧劇，迫使盟軍不得不同意讓他回到談判桌。即使他站在群眾面前慶祝收復領土，他還得躲避狙擊手。

「所有人似乎都忽略了，」戴高樂說：「我們賴以成就的關鍵，是由於各種因素不可思議地揉合在一起：耐心、情勢的緩慢發展、奇想和妙計、有陷阱的問題、一連串令人頭暈的計算、協商、衝突和四處奔走。」

帶領法國走出低谷，翻轉法國命運的，是這些特質——每一項都是勇氣的不同形式，使得法國在二戰結束時成為戰勝國之一。法國仍舊存在，這是戴高樂所堅持的，這是他的勇敢所證明的一件事。他立志要成為保障法國存續的傳說，他拒絕讓他的國家在天命還未到前就死亡。他是如此誠心地頌讚法國的偉大，以至於這些話語終究成為真實。

戴高樂是否有時也會自我中心？他是否也曾犯錯？也會樹立敵人？常造成撕裂，引發對立？完全沒錯，邱吉爾被他惹火，羅斯福對他存有疑心。後來，戴高樂當選被他拯救的國家的總統之後，把各界人士和團體都給惹惱過一遍，不只是聯合國、阿爾及利亞衝突的當事雙方，他還因為發表「自由魁北克萬歲」演說而惹惱整個加拿大，更別說是杜魯門、艾森豪、甘迺迪、詹森，一個接著一個的美國總統都對他動過肝火。無人懷疑，戴高樂是個很難與之共事的人，難以控制，無法受人威嚇。試想為什麼有這麼多人都恨不得他死呢？但這份獨立自我和勇敢無畏，正是他之所以偉大的關鍵，這也是所有偉人之所以偉大的關鍵。

「我想人們認為我不是那麼好相處，」戴高樂這麼說，就像賽皮科那樣無視外界的批評，「但如果我是那樣的人的話，今天的我就會在貝當的麾下了。」堅持走自己的路，拒絕接受被打敗，全心相信自己的主導力，即使面對死亡或滅亡的風險也能勇於主張自我。像這樣的人，不是容易會受人指揮，或被迫讓步的。

當然，戴高樂挺身而出抵抗德軍的路上，並非真的總是孤身一人。這並不只是因為他擁有盟友（像是美、英等他並不總是給予正面評價的盟友），更是因為憑藉勇氣行動的人從不孤單。

戴高樂這麼說：「我這個人既不屬於任何人，也屬於每一個人。」戴高樂相信，他是在一個偉大的傳奇、偉大的傳統當中扮演一個角色。跟著志同道合的戰友一起，他不只是法國悠久傳奇的一角，「追隨那些自法國歷史揭開序幕，便開始事奉法國的先烈，」他對著加入自由法國運動的人們喊話，「為那些將為法國永恆未來服務的人們做先驅，」以便有一天，「我們就能夠像詩人貝璣（Péguy）那樣，對法國說出：『母親，看看你兒子為你奮鬥的模樣』」。

他走在「英雄旅程」上。他回應了先祖曾經回應過的相同呼召，這個呼召——若你拒絕害怕，若你決意追尋天命，你同樣有機會做出回應。

邱吉爾稱戴高樂為「命運之人」（l'homme du destin）。當我們追隨天命，當我們努力抓住當屬於我們的東西，我們永不孤獨。我們會與海克力士並肩行走，追隨眾位偉人的腳步。我們會有上帝的帶領，會有守護天使的扶持，也就是曾帶領戴高樂、拿破崙、聖女貞德、法蘭克王國的查理曼大帝（Charlemagne），以及歷史上眾位男女偉人的同一位神。

勇氣或許會召喚我們獨自站出來，形單影隻地對抗難以想像的敵人，甚至有時候會覺得**整個世界**都在與你作對。

但我們無需害怕，因為當我們站出來的時候，我們並非真的孤身一人。因為在我們身後的是一個偉大的帝國，就像戴高樂也有眾多同志在支持他一樣。

而且我們必須知道，假使我們奮力對抗能夠撐持得夠久，終將發現**每一個人**都站到我們的身邊。

世界想知道的事

蘇俄文學家瓦爾拉姆・沙拉莫夫（Varlam Shalamov）在一九三七年時，被判關入蘇聯古拉格勞改營。

他犯了什麼罪？就跟大部分被關入那個冰天雪地的人間煉獄的人一樣，這些囚犯的罪不過就是在獨裁政權下站錯了邊。原因是莫名其妙的厄運、膽敢批評當權者、共產思想的成分「不純」，以及沒有認罪，雖然最後這一點應該也救不了他。

沙拉莫夫在人世間最黑暗的地方活了那麼多年，得到了什麼心得？他對人性獲得相當多體悟。「我發現這個世界不應劃分為好人和壞人，而應該是懦夫和非懦夫，」他在文章中寫道，「即便只是置身微不足道的威脅，百分之九十五的懦夫都會做出最卑鄙和害人性命的事。」

當我們問起一個人有沒有勇氣，這是個完全錯誤的想法。因為這不是個我們需要問的問題，而是要被問的一個問題。

《天下駿馬》（*All the Pretty Horses*）是美國小說家戈馬克・麥卡錫（Cormac

McCarthy）所寫的一本黑暗卻迷人的小說，其中也描述了一座隱喻的監獄，跟沙拉莫夫實際待過的那一座恐怕相去無幾。書中人物艾米利歐·普瑞茲（Emilio Pérez）把那個問題用粗俗的方式拿來問約翰·葛瑞迪（John Grady）：「老天想知道你有沒有骨氣？是問你有沒有勇氣？」

我們所處的世界，隨時都在問你有沒有勇氣，每一天的每一分鐘。敵人隨時都在問你有沒有勇氣，你所面對的障礙也是。因為人們需要知道，你是懦夫當中的其中一人嗎？你是值得倚賴的人嗎？你手上有足以應付困難的條件嗎？

塞內卡說，他很可憐那些從未經歷過不幸的人。「度過了一生，未曾遇到過對手，」他這麼說，「沒有人能夠知道你的能耐，即便你自己也不知道。」

這就是為什麼這個問題如此重要。老天想知道可以把你歸類到哪裡，這樣，它才能按著你的資質將困境送到你跟前來。這些既不是麻煩也不是災難，而是機會，就好像是要回答這個問題：「我有骨氣嗎？」不然不要用這麼具有性別色彩的問法好了，「我能挺直背脊嗎？」我勇敢嗎？我會去面對問題，還是逃避問題？我會站出來，還是縮回去？

對這個問題的回答，不是要用言語，而是用行動；不是私底下，而是公開而行。

若非是我，還能是誰？

數千年來，人們發現他們都會走到這個節骨眼，被迫要問自己另一個著名的問題，這個問題是改編自猶太教士希勒爾（Hillel）拉比的話語：「若非是我，還能是誰？若非此刻，應在何時？」

又或者，按照美國人權鬥士也是國會眾議員的約翰．路易斯（John Lewis）所說的：「捨我其誰？」

原因是，**那件事就是要有人來做**。

在美國南北戰爭打得最慘烈的時期，北軍領袖尤利西斯．格蘭特將軍在彼得斯堡（Petersburg）進行圍城戰已數月之久，此地是通往南方邦聯的首都里奇蒙（Richmond）的最後一道關口。格蘭特將軍說：「這個任務非常艱鉅，而且一定要有人來完成。」他們已經花了將近九個月的時間對抗那瀕臨彈盡援絕，但仍頑強抵抗的敵軍。格蘭特沒有動搖，他專心致志，沒有把這項重責大任推卸到其他人身上，也沒有天真到去想像是否有其他不用付出慘痛代價的方法。

通通沒有，他堅持留在那兒，全心投入，領導眾人。攻占彼得斯堡的過程中，他在最後一刻做到了其他將領未能做到的事情。接著過了幾個星期，南方就投降了。這是個艱鉅的任務，但格蘭特將軍選擇了面對它而不是落跑，戰爭所帶來的巨大災禍也就此落幕。

一八六一年，奧利弗．溫德爾．霍姆斯（Oliver Wendell Holmes）身為美國某個財大勢大家族的一員，本可以花錢雇個替身代他入伍打南北戰爭。但他沒有，而是決定親自從軍打仗，還差點在蓋茨堡（Gettysburg）一役中戰死。他從法學院畢業，靠著執業功成名就。接著，他在哈佛大學找到一個輕鬆的飯碗，本也可以愜意地徜徉在思想的世界裡，舒適度過餘生。但他沒這樣做，而是辭掉這個花了不少金錢和人際資本求來的工作。他轉任州法官，因他相信法律人就是該待在法律執行的地方。霍姆斯後來受到拔擢進入最高法院，孜孜不倦地服務到九十歲的年紀，創下了法院的紀錄。

「我是這樣想的，人生就是行動和熱情，」霍姆斯如此寫道，「一個人必須加入他那個時代的熱情和行動，否則如同沒有活過。」

「我是何等人，竟然能晉見法老？」當命運召喚時，摩西這樣問道。這個問題的答案對摩西來說跟對任何人都是一樣的，那就是：**合適的人做合適的事**。

每一個人都是獨特的，格蘭特是如此，霍姆斯、南丁格爾、戴高樂皆如此。每一個人都擁有自己的技能、自己的經歷和見解。每一個人都會接到命運要給我們的召喚。如果不去回應，就是剝奪了這世間的某些東西。如果沒有勇氣去回應，就會產生漣漪效應，影響波及其他人的生命。

是這樣的，如果你不去領養那個孩子，誰會？如果你不開創這項事業，誰會？如果你不將那神奇的三個字（請、謝謝、對不起）說出口，什麼時候才要說？

很可能就這樣永遠沒有人去做，而如果有某個人做了，那就是不一樣的味道了，那終究不會是「你」帶來的成果。

相信個人可以發揮力量的信念，不過是第一步。下一步，是要知道你可以是那位天選之人。

準備使你勇敢

其他人天生就比你勇敢嗎？還是說他們只是做了比較好的準備？

「專業知識會有幫助」，《軍隊生活手冊》開門見山這麼說，這是美國陸軍高層在二次世界大戰時發放給每一名美國大兵的手冊。接著，這本書接續說道，「了解你在軍隊當中的位置和角色，比你現在能為你做的任何一件事，都更能帶來精神上的安慰和個人滿足感。如果你想的話，多想到自己一點。學習做好你的工作，因為了解如何照顧好自己會讓你感覺好一點。了解你的職責和義務、你的權利和機會，將有一點會讓你對軍隊產生更高的價值。長遠下來，那同樣會為你帶來個人滿足感。」

雖然恐懼可以透過解釋來消除，但若能取代它，會更有效率得多。用什麼取代？要用**能力**，透過訓練、透過任務、透過應被完成的工作來培養。

西元前三二一年，當羅馬軍隊受困在卡夫丁隘口（Caudine Forks）時，就遇到了這樣的情況。隘口這一頭的出口被砍倒的樹木和石頭堵住，另一頭則有武裝的士兵埋伏在高處，他們徹頭徹尾地被困住了。當羅馬軍逐漸看清他們的困境——四面八方都被跨越不了的障礙和虎視眈眈的敵人給包圍，恐懼使他們愣在原地。每個人望著彼此面面相覷，期盼有人能知道該怎麼辦，連將領也變得失神落魄。這是怎麼發生的？該怎麼辦才好？他們該如何才能活下去？

有位淹沒在歷史洪流中的無名士兵，率先第一步動作，他開始架設防禦工事。接著，在無人發號施令的情況下，每個人都出於本能地加入了行列。沒錯，處在那個令人欲哭無淚的境地，開始搭設欄柵似乎毫無意義，但有事做總比什麼都不做好。他們讓所受的訓練凌駕於其上，並在其中找到慰藉和力量。

這就是精神上的安慰，這是可以打發時間的事情，這就是他們的工作。敵人看見他們這奇怪的舉動，開始嘲笑和奚落他們。羅馬士兵也對他們自己徒勞的勞動感到好笑，但他們還是繼續下去。要說起來，他們在強化己方陣地的時候，羅馬人也強化了自己的內心，失魂落魄很快地消散，他們的意志再次剛強起來。敵軍很快就與羅馬人達成和談，不想冒險攻擊這樣一個紀律嚴明的對手。

不是只有運動員和軍人才需要訓練。訓練，是在任何情境之下克服恐懼的關鍵。我們沒有想到的，沒有練習過的，都會使我們處於劣勢。我們所準備過的，做了預期的，將讓我們有辦法做出回應。正如愛比克泰德所說，人之所以經歷逆境，就是要讓我們能夠說出：「我受訓練就是為了此刻，這就是我的紀律。」

要是你遇到逆境時不想退縮，塞內卡也會說類似的話：做好訓練，以備不時之需。

我們會曉得該如何處理熟悉的事。危險可以因為經驗和良好訓練而降低。恐懼會導致厭恨，厭恨導致怯懦；重複會帶來信心，信心則帶來勇氣。

不得不面對的霸凌者，不得不出席的記者會，風險不小的賭注，不合時宜但才是符合道德的立場，四面受敵的時刻。這些都是我們所做的訓練發揮作用的時刻，因為若非如此，恐懼就會孳生，懷疑就會蔓延。只顧自己的安危，選擇走簡單的路，要是我們單靠本能就會變成這樣。

借用美國職籃名將艾倫．艾佛森（Allen Iverson）常掛在嘴巴上的一句話：「現在我們要講練習了嗎？」沒錯，我們要講的就是練習，因為那是最重要的事。透過練習，你會在腦海中複習每一個動作，建立起肌肉的記憶，你會知道遇到這個情況要做什麼，遇到那個情況要做什麼。過程中，你會學到要如何強化技能，自己也得到強化。你會貫徹每一項演練，彈奏好每一組音階。讓某個人刻意用難題考你，愈來愈適應不適的感覺。你用配速進行自主間歇訓練，提高跑者的閾值。你漸次熟悉你所要做的事，蒙上眼睛組好你的步槍，穿上負重背心進行鍛鍊。你做了千次，再做更多的千次，這都是趁著沒有壓力的時候，因為這樣一來，等壓力真的臨到，你就會切切實實地知道該怎麼做。

專業知識很有幫助，但是準備使你勇敢。

從某處開始，做點什麼

丹尼爾・艾爾斯伯格（Daniel Ellsberg）開始變成一名吹哨者，是因為他參加了一場和談會議。*他問了幾個問題，拿了幾份文件想帶回家仔細研讀。

沒人一開始就是打定主意要洩漏美國「五角大廈文件」，才沒有那麼戲劇化。法國人說的「微小」（petite）的行動，任何事都是從微不足道的行動開始的，積沙成塔，聚少成多。

當我們感到害怕，或當我們面對龐大的問題而感到絕望時，應用這個概念，就能夠從容應付。

我們不需要擺出大陣仗，大張旗鼓，暫且拋開「我跟你拼了！」的想法。有時候，要做成大事是從小地方開始。對艾爾斯伯格來說正是如此，他所服務的政府不容許任何絲毫異見，包括詢問具有針對性，會令人難堪的問題。把那些文件洩漏給《紐約時報》，也不是他一開始就在腦中計畫要做的事。而是在他採取了其他比較傳統的努力但最終都只是徒勞之後，他才逐漸萌生這樣的想法。

同樣的，每一個曾經不可一世的暴君——因醜聞案被迫下台的美國總統尼克森（Richard Nixon）、因性侵案而淪為階下囚的好萊塢大亨哈維・溫斯坦（Harvey Weinstein），以及其後的所有來者，終將會有人把他們拉下台，總是會有人出來在他們的帝國霸業鑿下第一道裂痕，那人會是你嗎？

「無論多麼微小，永遠不要失去促進開啟務實作為的機會，」南丁格爾說，「就像一粒芥菜籽種在艱難的環境下也能發芽、生根，多麼令人讚嘆。」因此，她也從小處開始。南丁格爾某年夏天在某個醫院裡工作，從此有了自信，決定將生命奉獻給如此的天賦大任。當南丁格爾聲明，她為她的護理實驗設定了一個截止期限時，勸說她的家人不要去阻止她會容易許多，要這樣去說服她自己也比較容易。

不過愛迪生不同意這點，他說人生苦短，不能從小事開始。他總是想動手解決麻煩的問題，推動宏大的計畫。畢竟，幸運之神眷顧勇者，不是嗎？

該如何解讀這些偉人的想法，或許我們該這樣看——從小行動開始著手我們的大計

＊譯註：丹尼爾・艾爾斯伯格是軍方研究員，一九七一年時私自複製並向媒體提供美國國防部機密文件造成譁然，他所洩漏的文件稱為「五角大廈文件」（Pentagon Papers）。

畫。小地方開始，著眼大工程。先解決一個問題，推動一點點進展；寫下一個句子、寄出一封信，或者製造一點火花。先做了，再去想下一步。深夜裡開車，車燈只能照亮前方一小段距離的路，但這已經足夠讓你前進，持續地往前推進。

這不就是我們解決大問題常用的手段嗎？將之打破成一個個小問題，一次先解決眼前的那一個。理想的做法是「早期治療」，趁著問題變大，或是被其他層層疊疊的問題埋在下面之前（不是有句話說，要涉水渡河從源頭更加容易），先建立起一點能量，一點信心，再來一一完成清單上列的工作。再者，最重要的是，這不就是訓練要幫助我們做到的嗎？告訴你第一條最小的事項該做什麼，你在此刻該完成什麼樣的事情。

你不一定總是會成功，不過話說回來，未必一定要在你手上完成，還是可以有某個人從你放下的地方繼續。你能做的就是讓事情先動起來，在這場接力賽跑當中，奮力跑好自己的那一棒。盡力將自己能做的做到最好，現在就做，就是這樣。

然而，沒有別條路，你得做的就是開始行動。你會驚訝地看到，一點小小的改變會帶來多麼大的改變。

美國總統林肯提醒我們：「帶領一個軍團有所作為的人，會使帶領一百個軍團無所事事的人黯然失色。」贏得一場小型戰役，好過不斷推延未來某一場大型完美戰鬥。＊

人們的努力會延續，我們要扮演好自己的角色。我們先從某處開始，在自己的崗位上，用手上擁有的，做好分內能做的事。積沙成塔，聚少成多。

＊林肯將喬治．麥克雷倫（George B. McClellan）將軍革職，換上格蘭特將軍，就是因為這個原因。「他會打仗。」林肯這麼說。

上！

美國飛行員查爾斯．林白（Charles Lindbergh）不想上場，有千百個理由。

在他那個時代，還未有人能完成單人不著陸飛行橫跨大西洋。林白本人不僅從未進行過水上飛行，也從未真的做過長途飛行。在缺乏強勁順風做後盾，也沒有陸上地標物做導航的情況下，他從未飛行超過五百英里，他也從未五十五小時不間斷地完成一趟飛行。再加上，他有一名競爭對手在一次試飛中墜機，四名機組員當中有三人身受重傷。幾個星期之後，兩名飛行員嘗試要從巴黎飛到紐約，但中途就失去音信，一去不復返。這樣叫他怎麼願意上場，去完成一趟長達三千六百英里，橫越遼闊無涯、毫無辨認特徵的開放水域飛行？而且還是單人！在一台載重量如此不穩定的飛機上，連降落傘的額外二十磅都成了問題。世間對林白有著很高的期許，比他對自己的還高。

一九二七年五月十九日，林白抵達紐約長島的羅斯福機場（Roosevelt Field），他的競爭對手竟然一個都不見蹤影。天氣短暫出現放晴，他幫飛機加滿了油。那天晚上，他難以入眠，但到了早上，則是出現了更多後勤方面的問題，人們對風向的看法相持不下。他遲到了，所有的反對和艱難閃過他的腦海。機庫和停機坪上站了不少人，眼裡滿是疑慮，因為他們看過太多次這樣的場景。

林白爬進藤編駕駛座，*戴上防風鏡，發動引擎。再過幾分鐘，飛機就要滑行，航向命運的飛行。他心中遲疑，把一切又再想過一遍，接著把一切拋諸腦後，踩下油門。早上七點五十二分，飛機的輪子離開地面，剩下的跑道只有二十英尺了。再過一天半的時間，他就要站在法國的土地上了。

你要如何克服所有恐懼？要如何才能抹去阻止你打算這麼做的理由？功勛卓越的美國海豹部隊隊員喬可・威林克（Jocko Willink）說過，要克服恐懼，就是：**上！上就對了，縱身跳進黑暗，只有這個方法**。

因為，如果不這樣做，你知道接下來會面臨什麼嗎？失敗、悔恨、羞愧，還有那些錯過的機會，以及對於未來何時才能繼續前進的疑慮。

「遇到像這樣的事情時，」戴高樂曾對他政府中某些保持緘默的成員解釋道，「一個人要是不行動，結局就是死亡。我選擇了行動，而這並不能排除死亡的可能性。」就

*譯註：一九二〇年代的時候，飛機上的座位都是藤椅，因為重量較輕。

在法國陷入最低谷時，他和他的妻子毫無畏懼地奮勇前進，沒有行李箱，沒有降落傘，也沒有事先準備好的計劃。無論是阿爾及利亞危機，還是一九六八年的法國學運，就像他生涯中數十次的英勇行動一樣，他毫不猶豫地投入其中。

「骰子已經擲下。」（Alea iacta est）*

忘了困難，我們上吧！**

這難道沒有風險嗎？當然有。會去擔心危險並非不可理喻，但如果你什麼都不做，連試都不試，那麼就連成功的機會都沒有。沒人能保證人生會一帆風順，沒有任何事能防止失敗或死亡。

但要是你不上場？嗯，那麼你就注定了失敗，並要承受另一種死亡。

之後，你會寧願你至少做了些什麼。我們都是這樣的，這就表示，現在此刻，**你必須上**。

*這句話是凱撒的名言。

**南北戰爭時，水雷被稱作是「魚雷」（torpedo）。這句名言並非某些人以為的「將你的武器上膛」的意思，而是「忘了困難，我們上吧」。

對權力說真話

戴西穆斯・拉貝里烏斯（Decimus Laberius）是古羅馬時代的劇作家，他接到凱撒要他演出的命令。

對某些人來說，這是至高的榮耀，有些人則會認為這是個侮辱，儘管無傷大雅。但拉貝里烏斯不是個馬屁精，接到這個命令，他認為他有個道德上的義務。一個要反抗的道德義務。

眾目睽睽之下，拉貝里烏斯對著置身於觀眾當中的凱撒發表高談闊論，嘲諷他的暴政統治，還預言他將會悲慘地滅亡。叫人驚豔的是，拉貝里烏斯的「表演」太精湛，既巧妙又大膽，使得凱撒難以為此處罰他。

希臘文有一個字描述這種勇氣：parrhesia，意思是對當權者直言不諱的勇氣。拒絕接受謊言，不願隨波逐流。蘇格拉底是最典型的直言不諱者，他說別人不敢說的話，對著別人不敢說這種話的對象而說。如果用白話文來說某位古代歷史學家是如何形容蘇格拉底，就是：沒有人能強迫蘇格拉底說、做、想，任何與其性格有所扞格的事。

在某種意義上來說，我們甚至敬佩這種特立獨行。這不該是常態嗎？這不就是我們身而為人的基本職責嗎？

知道真相，而不說出真相……這是背叛真相。

你可以保持沉默以逃避內疚，但是沒有任何藉口；你難以推卸責任，這是懦弱的表現。有可能沒有任何人想要聽真相，他們可能害怕聽見真相，但你不能害怕說出口。

一九三四年，德國牧師與神學家迪特利希．潘霍華（Dietrich Bonhoeffer）發現，現實生活中上演著與兒童故事「國王的新衣」相同的情節。潘霍華眼睜睜地看著希特勒為他令人髮指的惡行公然說謊，然而他的基督徒同胞卻睜著眼睛說瞎話，這則童話故事彷彿好幾噸重的磚塊壓著他喘不過氣來。他在寫給兄弟的一封信中說：「我們現在缺少的，就是一名講真話的孩子。」

如果故事中的那名男孩，能夠憑著直覺，想當然耳地違抗國王，那麼你的藉口又是什麼？

是的，你有千百個理由：那會影響到你的工作；別人會不喜歡你；不說也不會有什麼差啦；你的工作進度會倒退；沒人會想聽；你不想惹人不快。

都好，馬屁精。聽著，被嚇倒是一回事，但貶低自己又是另一回事了。

戴高樂從希特勒身上領悟到一件事，那就是希特勒的力量完全繫於「他人的懦弱」。沒人願意對著霸凌者喊他是霸凌者。德國人不想看見國王身上沒穿衣服（而事實上，那還是個滿口胡言、喪心病狂的殺人魔王），德國人也一點都不想說出這件事。正由於沒有人說出真話，沒有人出來做點什麼，只除了講希特勒想聽的話以外，而就是因為這樣，他們都成了希特勒的共犯。

誠然，有義務說出真相，並不表示你就能拿到對人殘酷的免死金牌。蘇格拉底說真話，是想要讓人們了解真正重要的事，他的意圖不是要冒犯人，而是要教誨人。但他還是冒犯了某些人，豎立了敵人，對嗎？那並沒有阻止他繼續追尋智慧，也沒有妨礙他履行職責。

缺乏這種性格的人，社會就無法正常運作。就像是拉貝里烏斯直視凱撒的眼睛，說出人們對他的真正想法，這並不一定總是要那麼嚴肅。也像是美國喜劇演員戴夫·查普爾（Dave Chappelle）拿人們的虛偽和荒謬當成講笑話的題材。《黑天鵝效應》的作者納西姆·塔雷伯（Nassim Taleb）戳破人們做作的表相和對確定性的深信不疑。古希臘犬儒主義哲學家第歐根尼（Diogenes）則是質疑人們最基本的需求假設。

我們需要有人出來挑戰我們習以為常的現況，我們需要藝術家深究個人的問題……然後做成公開批評。我們需要政治家在帶領國家的時候，堅持以誠信為始，而他們自己則是需要專家顧問能夠毫不猶豫地說出他們不樂聽的事實。我們需要民眾拒絕容忍政治宣傳、把不對的事合理化，以及那些遮遮掩掩的事。我們需要各處各界都有人們願意站出來，說：「這是不對的，我不會成為參與其中的一份子。」

人們需要有你出來直言不諱。

做一位決策者

日後當上美國國務卿的迪安・艾奇遜，有件事深深銘刻在他的回憶裡，那就是馬歇爾將軍高超的領導力。外交人員和國家領袖永遠都有爭辯不完的話題，該說什麼，該做什麼，誰該被追究責任，午餐該吃什麼。

非常明快地，馬歇爾將軍發出一道命令打斷這無窮無盡的爭辯：「各位，不要繼續爭論這個問題了，直接做決定！」這是因為恐懼或許會想要讓你花一整天的時間斟酌細究，但勇氣知道，那是不可能做到的。

艾奇遜領悟到，上天給我們最難得的天賦，就是**做決定的能力**。人生要成功、外交政策要成功、在這複雜又混亂的世間要成功，領袖必須學習如何用勇氣和清明的思緒來做決策。沒有任何含糊和動搖。

馬歇爾將軍就是這樣，杜魯門總統也是。*因為他們就是如此作風，才能拯救戰後的歐洲免於飢餓和經濟崩潰，以及在後來為蘇聯封鎖下的柏林提供援助。他們願意站出來做選擇。

「總統的工作就是做決定，」艾奇遜在文章中寫道，「杜魯門總統就是個能做決定的人。」杜魯門原是副總統，他在羅斯福總統不幸在任內病逝後繼任總統，而在他就任後的頭三十天內，他就立刻遭遇以下事件並需要做出決定：

- 蘇聯干預波蘭**
- 聯合國第一次開會
- 首次運送鈾礦
- 蘇聯對日本宣戰***

接下來的數週和數月中，杜魯門總統還要考慮是否要投放原子彈，是否要實施馬歇爾計畫拯救歐洲，是否要對蘇聯的擴張實施圍堵計畫，是否要對封鎖下的東柏林實施空投，以及接二連三無數的事項。

不難想像，考慮到牽涉的利害關係，再加上專家各持己見，這些決定都是極其痛苦而艱難的。

確實沒錯，但這也還只是其中一部分而已，杜魯門總統和馬歇爾將軍知道他們還會遭受批評。他們曉得，每一個決定都是一種風險。他們也知道，推託責任就到此為止，****他們的名字會用來為這些決策背書，而事實上，後來成形的「杜魯門主義」

和「馬歇爾計畫」正是冠上了他們的名字。

然而這兩人不只是做決定，他們還決定要專注於此生最可怕的事：**貫徹決定**。

醫生在手術室裡開刀，不能有一刻延遲。他們必須迅速下決定，付諸行動，還要有勇氣面對執行決策後攸關生死的結果。拳擊手、交易員、表演者、要努力讓公司轉虧為盈的執行長，每一位領袖都面臨同樣的困境。這些職業都帶著一種野蠻的性質，做事情會有什麼後果，都在未定之天。必須要攻向敵人的要害，必須要解雇人員，必須要寫下支票。這種野蠻帶有可怕的地方，但要是拖延或膽怯，沒有人會獲益，尤其是那些直接面臨風險的弱勢人民。

人們會說，藉由辯論我們才能達成正確的決定，所以我們還需要更多的資訊。這事實上不過是在拖延而已。我們只是不想脫離現狀之下的舒適感，不想要對做決定後

＊譯註：馬歇爾將軍和艾奇遜擔任國務卿時期的美國總統就是杜魯門，馬歇爾提出的「馬歇爾計畫」是協助歐洲在戰後進行經濟重建的重要計畫。

＊＊譯註：此處應指蘇聯於二戰結束後與波蘭共產政府達成協議，吞併波蘭的東部領土。

＊＊＊譯註：一九四五年八月，蘇聯搶在日本即將投降前撕毀兩國互不侵犯條約，迅速占領庫頁島、滿洲國等領土。

＊＊＊＊譯註：杜魯門總統有句名言：the buck stops here，意思就是「責任我來扛」。

的結果負責而已。

我們爭辯著是否要辭掉工作，是否要做這項投資還是另一項，是否要把我們所知的公諸於世，是否要讓某人離開……這不過是在延遲做決定，一次又一次，為了避免要去面對真正該做的事，轉而去思考無止境的假設性問題或不重要的事。

勇敢面對凱撒的拉貝里烏斯大踏步走下舞台，他也當面嘲諷了西塞羅，稱對方是「坐在兩把椅子上」的人，這是在暗諷他在內戰中當了牆頭草。很快的，西塞羅的敵人就替他做了決定。

有句話說得很好：你之所以尚未改變任何事物，是因為你還在「選擇」。過後，你會寧願你至少有做了點事情。無論是想脫離一場有害的關係還是想創業，別斟酌了，現在就下個決定。

你浪費在內心掙扎的寶貴時間，原本可以用來解脫困境。在那裡猶豫不決，考慮是否開口的時間，本應用來減緩情況的影響。解決問題最佳的時機是很久以前，而第二好的時機則是現在。

一九四八年，蘇聯將箝制的黑手伸進捷克，透過當地的共產黨發動政變奪取政權，「情勢看來很灰暗，」杜魯門在寫給女兒的信中說，「我們需要一個決定，而我將做出那個決定。」

靠辯論無法解決問題，只能夠下一個決定該怎麼做，然後去「實行」它。當然，這不該是個為決定而做出的決定，而該是個發生於此刻的正確決定。如果你的決定不巧是錯誤的，或是你犯下了錯誤，那麼就再做一次決定，用相同的勇氣和清明的思緒。

「難搞」是好的

她，是一名化學研究員，經過好幾輪面試後，此刻的她坐在面試官對面，勉強能看到寫在文件上方的評語。她費力地上下顛倒閱讀，這位後來以瑪格麗特．柴契爾（Margaret Thatcher）之名為世人所熟知的女性，得知了面試官對她的看法：

「這位年輕女士的個性太鮮明，不適合在此工作。」

這句話有兩種方式可以解讀，這既是種批評，也可以看成是種大力的讚美。懦弱的人會選擇前者，聽進耳朵裡。但對於一個有自信的人，這樣的評論可以禮貌性忽略。克服它需要勇氣，不讓這種話語改變自己。

那是一種什麼話語？還記得人們怎麼說賽皮科？怎麼說戴高樂？或是南丁格爾？

「**你很難搞**。」

這些人當然難以捉摸，因為循規蹈矩之人很少能夠開創歷史。如果這些人稍微樂於溝通一點，稍微願意扮演外界期待的角色，稍微在意他人對他們的看法，或者稍微容易受到勸說，那麼他們從一開始就不會呈現出特立獨行的一面了。

儘管當權者或許會將這些人視為難搞，歷史卻對他們另有評價，他們被稱為：革命者。

有些人害怕跟人家不一樣，大部分的人都害怕被說**難搞**，但這類特質卻能給人帶來自由。積極為己身信念一而再、再而三奮鬥的自由。堅持更高的標準，不願妥協，不願接受人家說「事情都已經辦好了」。

要做到這些是需要勇氣的。特別是在一個不願有人出來打破常規，最好每個人都乖乖待在自己的軌道上，不想讓任何人有機會問「為什麼」的世界。

一九三六年，德國的造船廠工人奧古斯特．蘭德梅賽（August Landmesser）拒絕在德國海軍新船下水的時候行納粹禮，他這樣做並不是想在歷史上留名。他只知道，他並不想遵從那些違反自己信念的規定或慣例。這是因為他在一九三五年時違反法律，娶了一名猶太女子。蘭德梅賽當時並不曉得他的舉動被拍了下來，使他在歷史上留名，他也不知道他成為拒絕支持暴政的個別德國人的象徵，站出來對抗群眾壓力的唯一一位。

他很難搞，那個舉動害他付出一切，但他也不會選擇別種做法。

你很難搞，別人就會試圖懲罰你，這也是為什麼你每天都必須與這樣的勢力對抗。你必須保持戰鬥力，下定決心，保持信心。但這不應該是事情的結局。才怪，這樣的提議並非「對大家是最好的」。我才不會閉上自己的嘴巴。不，這事還沒完呢。少來了，我不會「小聲一點」。

外界可能會將你視為瘋子，因為勇氣本身就有一種瘋狂。我們必須學會接受這種自我評價，並忠於自己。我們不能僅僅不害怕做自己，還必須**堅持**下去。即使付出代價、遇到阻礙、感到恐懼，這些都不容易，但值得我們堅持。

難搞的人才會懂得，美國人權鬥士約翰．路易斯一九六一年因為使用白人專用的廁所遭到逮捕，為什麼他在警局拍下檔案照片時臉上會露出一抹詭祕的微笑。那是種刻意惹出「公義的麻煩」的樂趣，*站在正確的那一邊的樂趣。還有顛覆的樂趣，以及（希望是最後、最終極的）良善戰勝邪惡的樂趣。

柴契爾夫人是真的難搞，恐怕她對於那個過目即忘的化學廠而言還真的是太難應付。但正是她的頑固和硬脾氣（當與反抗者發生衝突時還會變得更強硬），最終讓她帶領英國度過現代歷史上的一段艱難時期。要是她甘於從眾，也不可能成為英國第一位女性首相。

她，是不折不扣的「鐵娘子」。柴契爾夫人就跟賽皮科、戴高樂、路易斯、南丁格爾等人一樣，他們都不可能成為別種樣子。他們受到召喚，成為獨特的自己，這些人都有勇氣堅持回應這樣的召喚。

＊譯註：good trouble，此一概念即約翰．路易斯所提倡，意思是要為了著自己的信念向當權者挺身而出。

只需要片刻的勇氣

一九六〇年十月十九日，馬丁・路德・金恩（Martin Luther King Jr.）遭到逮捕，原因是他想進入亞特蘭大（Atlanta）的瑞奇百貨公司用餐。美國南方州當局的眼中釘遭到拘留，抓緊這個大好機會想要擊潰他。金恩不僅交保被拒，還被判處四個月的徒刑，要被送到位於里茲維（Reidsville）的州級監獄，與其他受刑人用鐵鍊鎖在一起從事勞動。支持者深怕如此一來，金恩很有可能會遭人毆打或私刑處死。金恩的妻子科麗塔（Coretta Scott King）當時大腹便便，正懷著他們的第三個孩子，她憂心忡忡地致電尼克森和甘迺迪的競選團隊。這場總統大選是美國史上少數差距僅在伯仲之間的選戰，雙方陣營都迫切渴望能贏得黑人選票。

尼克森不只是金恩博士的友人，事實上他在擔任艾森豪總統的副總統時期，還曾親自主責監督當時的民權工作。尼克森的幕僚力勸他要有所行動，但尼克森猶豫了，就跟半個世紀前老羅斯福總統腦海中曾一閃而過的躊躇一樣，他也在考慮的同樣的事情。他不想失去南方州的選票，不想要蹚這場具有爭議性的渾水，還擔心有人會說他在作秀。就這樣，尼克森就在這一刻背叛了與金恩的友誼，讓甘迺迪取得先機。甘迺迪先是打了通電話給喬治亞州州長，接著是柯瑞塔夫人（他還是人在機場的時候就直接打給她），給她安慰和保證。同時間，他的弟弟羅伯特．甘迺迪（Robert Kennedy）則是致電阿拉巴馬州法官，迫使他釋放金恩。＊

金恩立刻讓外界知道是誰在他需要的時候跟他站在一起，即使是他那時早就打算要投給尼克森。「我認識尼克森的時間比較久，」金恩後來回憶此事時說道，「他有時會打電話給我徵詢我的建議。然而，當危急時刻來臨時，他表現得彷彿從來沒聽過我這個人似的。這件事讓我了解他是個道德上的懦夫，不願意拿出道德勇氣，不願意為了朋友甘冒奇險。」

兩個星期後，甘迺迪以不到零點五個百分點的微末之差贏得大選，換算過來僅僅是兩個關鍵州的三萬五千票。兩通電話，讓他贏得了選舉。而尼克森那幾秒鐘的膽怯——這幾秒鐘原本可以拿來安慰蒙受冤獄之災的好人之妻，卻害他丟掉總統寶座。

無論你是誰，又或者你過去的紀錄如何，重要的是那個當下，有時甚至是轉瞬即

＊譯註：羅伯特．甘迺迪本人也是律師，他在當時除了協助兄長的競選工作以外，也擔任參議院委員會的法律工作。

逝的當下。你做了嗎？還是你太害怕？

只要花個幾秒鐘，就能按下電子郵件的送出鍵；就能把卡在口中裡的頭幾個字說出口；就能舉起手說你自願做志工；就能跨出第一步衝向機槍掩體；就能把你的一票從是改成否，或從否改成是；就能拿起電話，如同甘迺迪所做的，不只是救了金恩博士一命，還安慰了那人的妻子。

一旦行動，其他的一切就自然而然發生了。履行你的責任，趕在其他人前頭先邁出一步。從大學輟學，直接投身新的職涯。遞交離婚申請書，開始重建你的人生。走進證交會辦公室，提出申訴。起了頭，你就會變得很忙，來不及害怕。能量會開始發揮效用並拉你一把，不是阻礙你。

電影《我們買了動物園》（*We Bought a Zoo*）是基於真的買下一座動物園的英國原作者所寫的故事，由導演卡麥隆・克羅（Cameron Crowe）和演員麥特・戴蒙（Matt Damon）合作改編的劇本當中有一句很棒的話。麥特・戴蒙飾演的爸爸角色對兒子說：「有時候，你所需要的就是二十秒的瘋狂勇氣。就那二十秒，會讓你難堪的勇氣。但我保證，美妙的事會隨之而來。」

我們真的能做這種保證嗎？不行，人生不是電影。我們無法確定會有什麼樣的結果，或許不一定成功，但我們終究得嘗試。因為，沒有去行動的後果是個已知的結果。那短短的幾秒鐘好似一個火燙的標記，黏在我們身上。「我害怕」，並不是個經久不衰的藉口。

當我們驚嘆於人們的勇氣或受到震懾時，我們經常忽略那並不是什麼經過縝密規畫的行動。那始於一個簡單的決定，始於一陣衝動。日後，金恩在回顧甘迺迪的這個舉動時也說：「其實他不確定那在政治上是否合宜」。不過金恩也不遑多讓，當他首次因「蒙哥馬利公車事件」發起抵制搭公車運動的時候，並沒有想過這一個舉動會對他接下來的人生乃至於全世界發生如此深遠的影響。

勇氣就是在當下那個時刻成形。不過就在一瞬間，我們要決定是踏出去還是縮回去，是要往前縱身一躍，或是掉頭就走。勇氣是依情況而定的，而不是一個人固有的特質。

短短幾秒鐘的時間，短短幾秒鐘會令我們難堪的勇氣，能助我們成就大事，如此足矣。

養成勇敢的習慣

一九二〇年的時候，哈瑞．波恩（Harry Burn）不過是田納西州一名尋常的政治人物。此人過去的言行沒什麼特別之處，沒有過大膽的言論或投票紀錄。他不是什麼改革鬥士，甚至不太可能成為政治明星。當時的波恩才二十四歲，眾議員的任期才過了兩年。

「我的票不會害到你。」他對他在政壇的老闆這麼說，後者堅決反對憲法第十九修正案，也就是賦予女性投票權的修正案。他們相信波恩，而他確實在兩輪投票中投票支持要推遲這條修正案。波恩甚至在西裝領片上別了朵紅玫瑰，那是反對賦予女性投票權的象徵。

眾議院前兩輪的投票都出現僵局。到了八月十八日再行投票的這一天，波恩竟投下了決定性的贊成票！那一刻，全場譁然，不僅是因為這一票代表田納西州批准了該條修正案，這一票也瞬間造成全國性的翻盤，意味著修正案立即通過，全美兩千萬名女性就此擁有了投票權。我們可以想像此舉帶來的震驚，也可以想像他在投票前心裡有多麼恐懼。波恩是個聽媽媽話的孩子，他真的用行動來支持寡母。*波恩擔心此舉會遭到群眾暴力威脅，也擔心挑戰競選連任的計畫會受影響，會有多數選民極其不悅。

然而他還是做了，**那可能是他人生中最可怕的一刻。

我們可以拿哈瑞．波恩在飽受折磨下展現出來的勇氣，跟馬侃（John McCain）參議員在他政治生涯遭遇過一個類似時刻做對照。幾乎就在波恩遭遇良心危機的大約一百年後，「平價醫療法案」（Affordable Care Act）在美國參議院裡同樣遭逢一票定生死的命運。

馬侃長久以來對於這樁又被稱為「歐巴馬健保」（Obamacare）的法案採取批判立場，事實上他還曾經倡議要將之廢除。但當參議院挑燈夜戰進行投票的時候，上演了戲劇化的一幕。輪到馬侃投下決定性的一票時，這位越戰英雄先是舉起他還完好的右臂，接著很快地拇指朝下表示「反對」，使得共和黨想要阻止平價醫療法案通過的努力頓時功虧一簣。

＊據聞，波恩是因為收到母親的一封信而改弦易轍，他的母親受過大學教育，相信女性的能力與男性不相上下。

＊＊不過，這裡應該特別指出，他之所以採取這種立場，完全是根源自支持婦女參政權的世代所展現出的深刻勇氣。

馬侃曾在二〇一〇年批評民主黨為通過法案用盡各種手段，雖然共和黨當時在國會裡占多數，但他拒絕支持他所屬的政黨採取相同做法。不過，相對於我們這裡所要探討的，他為什麼這樣做其實並不重要，重要的是他這樣做的感受。

這兩人的投票雖然都只花了「幾秒鐘的勇氣」，但可以肯定的是馬侃心裡的惴惴不安一定不及哈瑞．波恩。他心裡並不感到衝突，他也沒有動搖或自我質疑。此人在政治生涯中，總是屢屢做出讓人意料之外的事。也因而每個人都對他氣得跳腳，但馬侃還是堅持原則，即便那並不一定最符合他的最佳利益。

波恩恐怕是閉著眼睛投下他不知道會帶來何種後果的一票，應該多數人都相信這樣的行為無異於政治自殺。波恩從未做過這樣的事，其實他緊張無比，他並非渾身充滿勇氣。要不是母親寫的一封信，他可能無法應付那一刻的恐懼和懷疑。「歡呼吧兒子，投票支持女性投票權，別讓眾人懷疑，」母親在信中如此說，「我注意到錢德勒的演說，內容很尖酸。我一直在看你是怎麼樣站出來，但我都還沒看到你這樣做……記得，做媽的好孩子，幫忙『凱特』太太對付『壞蛋』，讓這個法案通過，哈！媽媽就寫到這裡了。愛你的媽媽。」

馬侃的母親在平價醫療法案要進行投票的那時候已經一百零五歲，她不需要提醒兒子該怎麼做。因為馬侃老太太從小就教育他要去做難事。馬侃曾寫過他是從母親身上學到要樂迎困難，因為那是「趣味人生的要素」。他已經養成了勇敢的「習慣」，而我們都該這樣做。馬侃投完票轉身離去時，可以看到他眼神透露出他心意已決，其中還藏著一絲欣喜。他喜歡在共和黨高層人士面前，使出那出其不意的一手。此舉對他的人生和政治生涯都是致命的一擊。

我們不能夠單單期望自己只在關鍵時刻勇敢，勇敢是平時就需要培養的。沒有任何運動員會想要心存僥倖贏得比賽，反而是在平日就不斷地練習，千錘百鍊。不管是在混亂的爭奪戰中，在臨時組隊的比賽裡，還是在健身房裡，他們腦海中都有一座鐘，隨時都在計時。

這裡要來個老生常談的建議：**每天做一件讓自己訝異的事**。

就結果而言，這樣做並不壞。如果平常都沒有練習，要如何期望自己做出會嚇到自己——也嚇到其他人——的事？要是連平常沒什麼重大利害的時候都沒有這樣做了，要怎麼能相信自己會在情況險峻的時候挺身而出？

因此我們必須試驗自己，**養成勇敢的習慣**。

美國作家愛默生（Ralph Waldo Emerson）說：「不斷去做你害怕做的事」。美國心理學家威廉·詹姆斯（William James）在文章裡說過，人們應該「把神經系統變成盟友，而不是敵人」。當我們養成自動反射動作，就不會剩下太多空間去想東想西，也就不會有太多空間做出錯事。他說，沒有人比「除了優柔寡斷之外什麼都不習慣」的人更悲慘了。事實上應該是：沒有人比動不動就選擇逃避和怯懦的人更悲慘了。

這樣的人，不只其日常生活糟糕透頂，當他們遇到重大時刻的時候，會讓自己和每一個人失望。

那麼，你能做的最好的事情，就是從小事做起。比如將淋浴的水調成冷水，主動跳出來安撫騷動的觀眾，或是毫不在乎他人的眼光，穿上滑稽的戲服逗樂孩子們。要有能力承受他人的白眼或高傲態度，毫不猶豫地承認自己不知道某件事，同意去嘗試過去未曾嘗試過的事情。

這樣一來，我們就會知道在面對重大情況時應該如何行動，以及我們會做出什麼樣的事：勇敢的事，正確的事，有原則的事，無論後果為何。

搶占先機

「讓你夜不能寐的是什麼？」馬提斯將軍曾被一名電視記者問到這個問題。記者的話還沒說完，他就已經開口回答：

「**我**讓眾人在夜裡都醒著」。

這是一個完全體現了這位戰士——以及每一位戰士，從古至今——生活哲學的答案：**進攻**的哲學。主動出擊。嚇阻敵人，而不是被嚇倒；打擊恐懼——直接地打擊——而不是被恐懼所打擊。這就是為什麼他指揮的軍隊夜晚紮營要成V字形的陣地，V字的尖端還要朝著敵人的方向。這就是為什麼他在波斯灣戰爭（Gulf War）時將一名傑出的軍官革職，原因是他行動太慢。借用一名英國將軍道格拉斯．黑格（Douglas Haig）爵士的一句話來形容，馬提斯的核心特點就是所有了不起的軍人都該具備的品質：「與敵人交戰的真誠渴望」。他對他的軍隊抱有相同的期望。

你在等什麼？等你的對手整裝就緒嗎？要讓對方獲得優勢嗎？

才不！

在文明的世界裡，我們將這種心態稱為主動積極。在體育的世界裡，我們將之稱為贏家的意志。如果借用殘酷的戰爭世界，我們用的說法是：**殺手的本能**。缺乏勇氣，是無法獲得殺手本能的，這兩者互為前提。無論是在戰爭、在商場、在運動比賽、在人生中，要成就大事，這兩者缺一不可。

斯巴達人從來不問敵軍有多少，只問敵人在**哪裡**，因為他們無論如何都要發動攻擊。既發動了攻勢，就是要贏。

格蘭特將軍決定要承擔攻下彼彼得斯堡這個重大任務的會戰。也就是在這場每個人都害怕而不敢承擔的會戰裡，他有好幾次因屬下過於謹小慎微而大怒。雖說格蘭特將軍在西部多次打贏戰役，但北軍卻被李將軍（Robert E. Lee）和南方邦聯多年來的凌厲作風給嚇壞了。每一次要阻擋敵人的攻勢，他們都表現得一副左支右絀的樣子，不願大舉壓制，不願發起攻勢，還勸告格蘭特將軍說，情形看起來很像李將軍要率領大軍猛攻了。

在德州平原上征戰的經驗讓格蘭特曉得，人們有時會對幻影產生恐懼，過分誇大敵人的厲害。最後，他受夠了。「好，我真心厭倦聽到人們不斷在說李將軍要做什麼了，」他對著走進來要向他做出更多可怕預告的將領說道，「諸位有些人似乎總是認為李將軍神出鬼沒，會同時出現在我們的後方和兩邊的側翼。回到你的司令部，請你試著思考我們自己該做什麼，不要成天在想李將軍會做什麼。」

因而，他下了一道命令：「李將軍往哪裡去，你就率軍就往哪裡去。」接著，軍中的這股情緒就平息下來了，北軍再也沒有回到防守陣勢。

最後，幾乎就在整整一年以後，李將軍所做的竟然是……向格蘭特將軍投降。

這是美國南北戰爭中決定北方重啟攻勢的關鍵時刻。格蘭特將軍決定不要再繼續挨拳頭，而是要開始揮拳頭。李將軍維持攻勢的時候，南方堅不可摧。但當他失去那股勁道的時候，南軍輸掉這場戰役就變成時間的問題了。

大部分時候，這對於來自對手的壓制也是如此。對方會來揍我們，是因為我們讓他們揍我們。但當我們反擊回去，開始選好戰場，專門突擊他們的弱點時，又會怎麼樣呢？至少現在，我們取得了一個機會。

不管那是什麼，不管你怎麼做，都必須積極爭取。如果你行事都是出於恐懼，總是戰戰兢兢，那麼你連個一搏的機會都沒有。根本不可能靠著這種方式領導眾人。要成功，就必須採取攻勢。就連你打算謹慎行事，也還是必須隨時向前推進才行，這永遠都是朝勝利前進的方式。你必須取得節奏的主導權，你必須設定節奏，在戰場上、在會議室裡，不管議題是大還是小。要讓對手因為你即將採取的手段而恐懼，而不是反過來對對方感到恐懼。

永不屈服

那是一個星期一的早上，弗雷德里克．道格拉斯（Frederick Douglass）決定他已受夠黑奴生涯。

惡名昭彰，會虐待手下奴隸的黑奴管理者艾德華．柯維（Edward Covey）走來要施以處罰，但道格拉斯反而奮力起身抵抗並用手掐住他的脖子，突如其來的反抗讓這名監工大吃一驚，因為他從未遇過這種事。每個黑奴都曉得，他們就算是手輕輕碰到白人，下場就會是死，然而，年紀才十七歲的道格拉斯，手裡卻抓住一個白人往死裡打。

柯維大聲求救，但第一位前來援助的幫手卻被道格拉斯一腳踢中心窩，其他人都被此舉嚇到不敢過來。整整兩小時，道格拉斯和柯維在庭院裡打鬥了兩個小時！道格拉斯發了瘋似地打鬥，是為了維護他的性命，以及作為人的尊嚴，反觀柯維則是又驚又愧，他不習慣捍衛自己。最後，敗下陣來的柯維全身精疲力盡，再加上恐懼使然，他最後「放過」道格拉斯。柯維給自己的辯解是說他已經給了這名黑奴一個教訓。

「人們總有再也受不了被人用腳踐踏的一天。」金恩博士日後講起這起事件時這麼說。那個早上在馬里蘭州，道格拉斯終於再也無法忍受，這改變了一切。

「我內心升起一種前所未有的輝煌，」他寫道，「就像是從被轄制的奴隸生涯中死裡復活，昇華至自由的天堂。我長久以來遭人碾碎的靈魂復興，心中的怯懦已然消失，由勇敢和無畏取而代之。現在的我下定決心，無論我的肉體還得繼續當奴隸多久，都要揮別我心中的奴隸，受人奴役的日子將一去不復返。」

為了解他心中這股力量是從何而生，讓我們回到道格拉斯八歲的時候，那時，他親眼看見一名叫做妮莉的黑奴遭到殘忍鞭打。那名監工是個殘忍且氣焰沖天的人，經過討價還價，他買下妮莉所花的錢比最初的出價高了許多。妮莉是有五個孩子的母親，對方要把她拖向施鞭刑的木樁時，她拼命尖叫、大吼，出動拳頭和指甲抓住泥土和一切她可以抓住的東西，光是要把她抓住就很困難。她還有個孩子甚至出手助攻，用牙去咬那名監工的腿。在道格拉斯眼中，「她似乎鐵了心，要讓那個鞭打她的男人付出同樣大的代價」。

等到那名監工終於能夠實施懲罰的時候，他的滿臉鮮血看來可以證明妮莉也成功達到目的。就連受鞭打時，妮莉也不曾屈服。她對那人吐出漫天蓋地的咒詛，痛罵奴隸制的邪惡和這個制度的幫凶。雖然被打得皮開肉綻，但她的精神沒有一絲屈服。

這幅景象深植在當時還是小男孩的弗雷德里克・道格拉斯的記憶裡，並種下了一顆勇氣的種子。日後，在他迎頭對抗自己的主子那一天，這顆種子瞬間猛烈發芽，並讓他在此後約五十七年的時間結出為正義而奮鬥的果子。

自那之後，還有誰能夠嚇倒道格拉斯？還有什麼事能阻止得了他？他的對手還能夠編出什麼樣的威脅來？這麼一個曾經直視死亡的人，就算是身為無能為力的奴隸時，也曾挺身而對巨大的壓迫。一旦你以勇氣（還有自由）為食糧，且能夠為自己挺身而出，恐懼的滋味就會變得難以忍受。這就像是一九五六年時，那對年輕夫婦合併午餐餐檯的舉動，*就好像溫順的小男孩面對班上的惡霸那樣。

「屈服是解決憤怒和錯誤的最佳解方，此一古老的原則並不適用於黑奴的莊園，」道格拉斯在文章中寫道，「那些輕易就能鞭打的，就是最常被鞭打的奴隸，而有勇氣為自己挺身而出對抗監工的人，或許一開始身上會遭受大量鞭打，但他們最終會成為自由人，即使他們未能正式脫離奴隸的身分。」

*編註：這段文字提到一九五六年的事件，主要是指美國民權運動早期的一些關鍵事件，特別是涉及公共場所種族隔離的抗爭行動。

你可以殺死我，但你不能鞭打我，這成了道格拉斯的座右銘。確實，他此後不曾再遭人鞭打，正如他自己說的，一旦他表明自己的立場，就成了半個自由人。很快地，他勇敢地反抗黑奴追捕手，奔向自由，取回了另一半的自由。

套用金恩博士另一句話，當我們挺直腰板時，我們或許會遭人打，但我們不會遭人騎。對道格拉斯來說，那意味著實際的生死拚搏。金恩和與他一同爭取民權的人士則是以另一種方式反抗，他們不斷親自以身試法，去對抗壓迫者祭出的警犬、消防水柱和機關槍，直到監獄人滿為患，系統崩潰為止。

我們不能容忍虐待、約束、不公不義。我們不能躲避我們的問題，只能迎向前去，屈服不是解方。我們也不能期盼他人的憤怒會神奇地消失，我們必須找到某處劃下界線，若不是此刻，那也要盡快。我們必須拿回自己的主權，堅持抓住它。

每一個人擁有的力量都比我們想像的還多。

堅持自己的權利——也就是對抗壓迫或虐待或惡劣待遇，這樣做不只是勇氣的表現，也是追隨道格拉斯的腳步，為在你之後的每一個人都拉了一把。

勇氣是會傳染的

斯巴達收到其他國家的請求，拜託他們出兵援助，但斯巴達不打算這麼做。他們只派出一名將領。

這樣就夠了。

原因是，勇氣就跟恐懼一樣，是有傳染力的。只需有這樣一個胸有成竹的人，知道他們在做什麼，內心無懼，就足以讓一支人數不足的軍隊增強好幾倍，提振一個搖搖欲墜的系統，平息已經生根的混亂。單單一名斯巴達人就能夠滿足盟友的需要。

二十世紀初年的時候有過這樣的一件事，德州遊騎兵比爾・麥唐納（Bill McDonald）收到達拉斯當局的號令，要他去取締一場地下拳擊賽。當他抵達時，市長驚愕不已，他問道：「你們只派了一名遊騎兵？」麥唐納回答：「您不是只有一場騷動要處理？」

這就是我們前面提到的一句話的最好寫照：「一人可成千軍萬馬」。

「成」這個字具有動作的意涵。它不是說一開始就這樣……而是漸漸「成為」那個樣子。

一個人不需要變成斯巴達將軍或是德州遊騎兵，才能產生影響力。身為一名美國陸軍軍官的軍方戰史學家山謬・馬歇爾（S. L. A. Marshall）就會這樣說：「無論他的軍階有多低，任何能夠冷靜自持的人都能幫助其他人冷靜自持，恐懼是會感染的，但勇氣的感染力也不相上下。」

你不需要是軍團裡最聰明的那個人，也不需要是位階最高的那個。你也不需要最好的運氣，不需要備好所有答案，你只要保持在最佳狀態，做好當下的工作，讓你所受的訓練引導你。做好**正確**的事，做好**眼前**的事，勇敢、冷靜、明確。

無論你是**何人**，無論你做**何事**。

公民只要不會受到操縱性宣傳分散注意力，就能幫助監督政府負起當責；金融市場重挫時，只要不去銀行擠兌，就能幫助經濟穩定；父母只要換上勇氣倍增的面容，就能幫助孩子對抗癌症。就像一名普通小兵，也會扣緊他的鋼盔、咬緊牙關，不顧一切地往前衝，幫助他的同袍傷害敵人。正如史學家馬歇爾所說，「一個人的勇氣，在某個層面上會反映出他視野裡所有人的全體勇氣」。

表現出勇敢，就發揮了作用，因為光是這個過程就能讓別人也勇敢起來。

跟病毒一樣，冷靜的情緒也是透過接觸傳染的，在空氣中散播。我們會在無形中散發出力量，感染到其他人身上，讓他們再去感染更多人，這種「感染原」不會致病，而是會為人們加添目標和力量。

當四周環境都蓄積著害怕的情緒時，只要一點火花就能點燃恐慌。這將會導致士氣一落千丈，接著是一敗塗地。但，一個人能夠同樣輕易地將這種危險的電流接地，讓它流掉。一個人，也能改變全局。

問題則是，你會是那個人嗎？你是造成問題的人，或者你是那解方？你會是人們召來幫忙解決問題的那一個嗎？還是需要其他人幫忙安撫的那一個？

你必須勇於承擔

很奇怪，這種事發生的頻率如此高。一名極其勇敢之人，卻害怕世上最普通、最常見的事：**責任**。

發生在十九世紀的克里米亞戰爭中，英國的盧坎勛爵（Lord Lucan）指揮一支輕騎兵軍團，他對麾下的指揮官卡迪根勛爵（Lord Cardigan）下達衝鋒的命令。他們兩人一起帶領大約六百名英國騎兵，向俄軍發動了一場戰爭史上最有勇無謀的攻擊。

然而他們卻這樣說：

「老天，這可是個瘋狂的魯莽行為，錯不在我。」

「我不打算承擔一丁點責任，我是基於迫切的必要性下達衝鋒的命令，不會承擔任何一絲責任。」

他們可以面對敵人無情的子彈；面對猛烈的炮火，他們亦步亦趨地推進。但當面對批判和責備的時候呢？就像所有軟弱的領導者一樣，他們逃跑了。他們甚至無法鼓起足夠的勇氣質疑導致悲劇的明顯荒謬命令，只是將這些命令轉交給他們的部下，選擇了幾乎肯定的死亡，而不是決定一切由他們負責。

規則是這樣的：既然你決定要衝，那麼你就應當對之後發生的事**扛下**責任。

沒有藉口，沒有例外。

這世間所要求的是一個人應當背負自己的責任，個人要為自己的行動負責，特別是當身為一名領導者的時候。

責任一定是到你為止，沒有例外。

「這不是我的錯」、「這不是我的問題」、「不要來怪我」，這幾句話不該存在你的字典裡，除非你不想變得偉大，除非你想當個懦夫，那就放你一馬。

美國作家瓊．蒂蒂安（Joan Didion）這麼說過：「一個人是否願意為自己的人生負責，端視其是否有足夠的自尊自重。」

能夠領導眾人需要付出代價，勇氣「稅」是沉重的，你要能承受**煎熬**。

如果那會讓你不快？那麼你最好不要做任何事、不要說任何話、不要成為任何人，應該會快樂一些。

然而，我們似乎總是以為我們能躲過一劫，可以全身而退。

輕騎兵衝鋒的故事還衍生了一個很有意思的插曲，當時的英國桂冠詩人丁尼生勛爵（Alfred Tennyson）為那些英勇失去性命的普通士兵，寫下一首鼓舞人心的詩，令人難忘：

炮火落在他們右邊
炮火落在他們左邊
炮火落在他們前方
成排的炮火轟鳴
子彈和炮彈齊飛
他們英勇地騎馬向前
衝進死神的牙關
衝向地獄的大門
英勇六百騎兵

知道嗎？丁尼生是用筆名發表這首詩，因為他顧慮到寫這首詩可能無法反映出他身為貴族該有的「莊重」。

前面我們才說過勇氣是有傳染力的，但，你也必須願意去接住它。丁尼生深感那些可憐士兵表現出的英勇而寫了這首詩，然而……他卻表現得跟那些軍官一樣。

如果你要發聲，就請你署名，在你要做的一切事上署名。這才是勇氣的表現，不，應該說是做人的基本。

打破東西，你就要賠。是你採取的行動，你就要扛責。說出的話，就要為其背書。你下的命令，就要接受指責。

自尊自重就是由此產生，領袖就是如此鍊成的。

你總是能反抗

美國軍官傑瑞米・丹頓（Jeremiah Denton）被關進北越俘虜營已經十個月，經歷了大量嚴酷的審訊，而他被越共選中拍攝宣傳片。

他坐在攝影機前，疲憊、飢餓且疼痛，不曉得什麼時候又要被飽以老拳。他心中想著他有哪些選擇。他可以什麼都不要說，可以試著用些陳腔濫調來回答問題，藉機對家人溫情喊話，他極度思念妻子和七名孩子。丹頓可以說出越共想聽的話，讓他賺得一個輕鬆，或許還有望在有「河內希爾頓」之稱的戰俘營裡獲得特殊待遇。

而他卻選擇以令人瞠目結舌之姿表達反抗。丹頓在回答審訊者那些樣板問題時，開始用很慢的速度眨眼，彷彿他是受不了攝影機的強光。

長眨眼一下。長眨眼三下。

短眨眼一下，長眨眼一下，再加一下短眨眼。長眨眼一下。

短眨眼一下，再一下長眨眼。

短眨眼一下，長眨眼一下，再來個短眨眼。長眨眼一下。

他藉由這種方式用摩斯電碼拼出了「T-O-R-T-U-R-E」（刑求），讓全世界的人都看見。越共以為他們已迫使丹頓屈服，但事實上卻是丹頓勝過了他們，他利用刑求者的作為，在國際視野上大大地羞辱了對方。

有人說斯多葛主義者就是那種會對著命運大吼「去你的」那種人，沒錯，他們就是會**反抗**，他們會戰鬥。

這種人不會被人強迫去做錯誤的事，特別是面臨壓力的時候。

在你心生厭惡之情辭職後，公司的法務來找你，提醒你你已簽署保密協定。緊追不捨的競爭對手告訴你，要是你不接受他們的收購價，他們就要毀掉你的小公司。詐騙者要求你付錢了事，政治人物想要你的臣服，官員要求你退後。

針對的事或大或小，除你以外無人在乎，傳達的訊息或許明顯或許隱晦，但還是很清楚，那就是：**不然的話……**

讓我們回想斯巴達軍隊遭到腓力二世（King Philip）圍攻的故事，這個殘忍的馬其頓國王就是亞歷山大大帝的父親。如果讓我越過這些城牆，事情就不好玩了，他向對方喊話。如果我勝利了，我要殺光你們每一個人。

斯巴達人的回應很簡單：你說的只是「如果」。

這意思是，我們才沒那麼好對付。斯巴達人沒說出口的是：你要把那些話收回去，**你得先把我們打敗再說**。你可以殺死我，但你不可能凌遲我。

最原始的反抗或許經常遭人低估，但效果卻很深遠。如果說，身陷黑奴命運的弗雷德里克．道格拉斯和妮莉都能起身奮力一擊，為何你不能？

前文提到美國的開國元勛約翰．亞當斯想要在美國公章放上海克力士的肖像，班傑明．富蘭克林（Benjamin Franklin）對於他們新建立的這個共和國提議要用哪一句話座右銘，有著類似的思路：「反抗暴政即順服上帝。」

不只該反抗暴君，也該反抗惡霸、說謊者、虐待者、混帳、詐欺犯、煽動者、騙子，以及不入流的作戲者。

勇氣之人的潛台詞是：**此生休想**。勇氣之人心裡吶喊的是：**絕無可能**。勇氣之人要說的是：**我做事要按照我自己的方法，根據我的原則，不管你有什麼意見**。

別人可以傷害你，對你咆哮，做出可怕的事，但你並非沒有力量。事實上，你擁有的力量比你想像還多，「我太窮了低不下頭。」戴高樂這麼跟他的英國盟友說。他不會屈服，不會手下留情，無論對任何人，敵人或朋友。他是個鬥士，戰鬥就是他要做的事。

你擁有主導力和力氣。你可以讓他們後悔纏上你。

千萬不要接受既定的結論，只有輸家才會在比賽結束前就停止與對手爭鬥。為每一里路而戰，為你而戰。

沒人能逼迫他人做錯誤的事。我們手上握有力量，問題只是我們想要動用到多少而已。

「如果他們逼迫得了你，」塞內卡劇作中的海克力士說，「那麼你已經連如何死去都忘掉了。」

千萬別忘。

幸運之神眷顧勇者

這句話，是古希臘羅馬時代流傳最悠久、最普及的一句諺語。史詩《伊尼亞斯紀》（*Aeneid*）裡是：「audentis Fortuna iuvat」；在泰倫提烏斯（Terence）一篇劇作中是：「Fortis Fortuna adiuvat」；修昔底德（Thucydides）寫的則是：「τοῖς τολμῶσιν ἡ τύχη ξύμφορος」。普林尼（Pliny）這位羅馬上將兼作家說的是：「Fortes fortuna iuvat」。

幸運之神眷顧勇者，幸運之神垂青無畏的人。

幸運之神喜歡宏大的計畫、冒險的勇氣。

還有，帶領軍隊衝鋒的決定、脫離隊伍的決定、嘗試新事物的決定、接下一個瘋狂挑戰的決定。向人求婚的決定；踏上旅途的決定；舉起手的決定；投出一記長傳球，因為比賽勝負在此，你不再擔心會遭到截殺。雖然這些選擇的結果不一定經常能盡如人意，但要曉得，歷史的動能會悄悄地站在你這邊。群眾會站在你這邊，他們已準備好在你獲勝時為你歡呼。當你愈投入，似乎更順風順水。

據說美國建築師丹尼爾・伯恩罕（Daniel Burnham）建議他的學生不要畫小張的設

計圖。他這是在告訴學生要大膽想像，去解決大問題，不要陷在生活中那些小裡小氣的事物裡，而要試著伸長手，接觸更多。去做些如此新穎又不同的事，以至於人們不敢小覷。

歷史上所有偉大的將領和創業家，都是因為他們勇於冒險才會成功，因為他們或許心中膽戰但並不害怕。由於他們敢做大事，所以他們踏進競技場，擲出手中的骰子。他們有**膽量**。

而最常發生的是，這些人交上了好運。因為要不是這樣，我們現在也不會談論他們了。

「我的經驗告訴我，大膽的決定最能保證成功，」德國隆美爾將軍（Erwin Rommel）在一封信中如此寫道，「但你必須要能區分戰略、戰術上的大膽，跟軍事上的賭博有什麼差別。大膽的軍事行動，不見得確定會成功，但一旦失敗，軍隊手上還是有足夠的力量應付任何可能出現的情況。另一方面，賭博般的行動則是一種要不是帶來勝利，要不然就是導致全員澈底毀滅的行動。有時甚且會出現有理由賭一把的情況，例如，若無意外，失敗只是時間問題的時候。這種時候，平白讓時間過去已無意義，唯一的機會就是冒著巨大的風險，孤注一擲。」

隆美爾就是這樣在戰場上發揮大膽戰術和戰略，這就是他在二戰初期便以「沙漠之狐」的稱號於北非戰場使敵人喪膽的原因。儘管如此，我們不能就這樣不去譴責他在戰爭爆發前，缺乏勇氣反對希特勒的行為。誠然，幾乎所有德國高級將領都缺乏那樣的勇氣，他們許多人都看清希特勒根本是個令人作嘔的狂人，但卻不敢打破身為軍人的鐵則，在希特勒等同於挾持了整個國家時出來挑戰他。這些人可說是世上最勇敢的人，曾多次面臨烈火與死亡，但在會議桌上，他們卻惴惴不安，衷心希望能有其他人跳出來做點什麼事。等待、期待、畏縮，其實他們也成了希特勒的共犯，犯下令人髮指的罪行。我們永遠無法完全明瞭他們內心的天人交戰，但是，無所作為則確立了他們的命運。

到最後，錯過了發揮一絲勇氣就能產生巨大效應的黃金時刻之後，隆美爾只剩下賭一把這條路。到了一九四四年的時候，更有理由賭上一把，戰敗只是時間的問題了，為何不放手一試？因此他做了。反希特勒的軍官密謀在七月二十日發動暗殺元首的行動，可惜，他們這次沒有受到幸運之神的眷顧，但至少歷史為此次行動留下正面的評價。

此刻的一點點勇氣，會比日後要拚著向死亡挑戰的勇氣還要更有價值。前者要成功，所需的幸運之神的眷顧，會大大少於後者。

亞馬遜創辦人傑夫・貝佐斯（Jeff Bezos）曾說過他不會做「賭上公司存亡」這種事。這，是因為他不需要。之所以會落到承擔巨大風險的境地，不就是自得意滿的心態嗎？只有像那種輕忽時代趨勢的公司，才會落得再不改革就要滅亡的境地。當你需要急起直追，努力彌補先前的落後時，你必須賭上一切。他說，更好的做法是每一天都持續做出好的賭注。做好計算，不要輕率大意。逐步日增，不要一下就踏出極度危險的一步。

現在就把困難的事做好。

現在，就為每一件值得的事做好準備，剛強以對。

你必須相信，風險沒有你想像中的那麼大，你並非如你想像般地獨自一人。

有些人事物在背後支持你，即使現在你感覺不出來。幸運之神等著你，她正對你微笑。但是她厭倦的速度很快，如果你讓她等，她會討厭你。

現在承擔風險，好過日後要賭上一把。

無論是哪一種狀況，務必要勇敢上前。

承諾的勇氣

老羅斯福總統的傳記作家赫曼・哈格多恩（Hermann Hagedorn），形容那是「一個小男孩讀了偉人的故事以後，決定他也要效法他們」的故事。這裡，你嗅到一絲不尋常的氣味，對嗎？

羅斯福是真的「相信」，他相信自己，相信那些故事，他相信超乎自身所能想像的事。從古至今，有無數人覺得那是種荒謬，甚至是危險的想法。甚至《聖經》裡也有。**當我長大，我就要拋開那些幼稚的念頭**。

戴高樂也被嘲笑過類似的事，他打從心底相信法國的偉大。他相信有所謂命運這回事。「法國是偉大的國家。」他這麼說，一遍又一遍。會這樣宣稱看起來很荒謬，特別是那時法國正搖搖欲墜，一方面必須被動地與納粹合作，另一方面也須靠盟軍大發慈悲來解救他們。

讀到他的有些話語時，恐怕會有人忍不住皺眉。我們內心的犬儒已經生了根，會有人覺得：這人幹麻還不長大，現實一點，不要住在童話故事的世界裡面。

但要是沒有這種信念，沒有勇氣獨排眾議，繼續前行，不顧他人的白眼、批評或徒勞，現今的我們會在哪裡？確實，如果戴高樂沒有那麼愛法國，他恐怕不會甘冒大險去拯救他的國家。正是因為他對命運有著發自內心，強烈到幾乎令人尷尬的信念，才能推動他創造歷史。戴高樂決心扮演偉人的角色，並在這個過程中改革一個偉大的國家。對老羅斯福來說，「在乎」是他勇氣的泉源。這也是敦促他邀請黑人教育家布克．華盛頓前往白宮的原因，縱使他曾有過動搖。這就是為什麼他要逆風衝上前去迎敵，拒絕屈服於企業利益壓力之下，以及為什麼他要抵制來自他所屬社會階層的傲慢優越感和漠不關心。

正如馬提斯將軍所說，憤世嫉俗是懦夫的表現。發自內心的關心需要勇氣，只有勇敢才能維繫信念，特別是當其他人都充斥著疑慮的時候。他們會嘲笑你，輸家總是會聚在一起形成小團體，說贏家的閒話。心存絕望的人總是嘲諷滿懷希望的人。害怕的人會盡全力說服勇敢的人，嘗試是沒有意義的。自從西元前五世紀詭辯學派（Sophism）興起以來，就有很多學者使用他們的聰明大腦去攪亂一池渾水，而不是澄清事理給人們聽。

這是勇氣之士必須要去撥開的迷霧。我們所走的石頭路兩旁，並不是排滿為我們加油打氣的啦啦隊，而是意圖引我們走入歧途，或要說服我們放棄的誘惑者。與其實際嘗試過後才打退堂鼓，更多的人會想說服你說「這不重要」、「這不會有用」。人需要力量才能保持純淨，持續關懷，對於禮貌大眾認為是荒唐的東西表達明確和真誠的意念。

這就是為什麼現在人們甚至都不談論勇氣，更別提德行。一般人會覺得這些東西很老套，令人尷尬。有如小時候會掛在床頭用來激勵自己的標語。最好要表現得比那還厲害，免得被人批評說你落伍。

但，可曾有任何人在他們漠不關心的領域裡成就任何事嗎？會有人光靠冷嘲熱諷就能做出正確的事？從不曾有人在不相信某件事不值得做的情況下變得偉大。沒有人能在尚未勇於戰勝憤世嫉俗和冷漠無感之前，就變得勇敢。

「不要懼怕偉大。」莎士比亞說過。讓它進入你的靈與血，為之奮鬥。

那些人不懂，誰在乎？那些嘲笑你朝山頭衝去的傢伙，根本不敢想像朝一塊不認識的地域踏出第一步是怎麼回事。你會證明他們是錯的。就算你沒有，至少你已經勇於一試。

虛無主義是輸家專用。

愛你的鄰人

下面這則故事是測試人們冷漠和冷酷的試金石。這起事件，顯示出我們的現代社會出現了極大的問題。

一九六四年三月十三日的凌晨三點，紐約市一名叫做姬蒂．吉諾維斯（Kitty Genovese）的年輕女子在她自己的公寓大樓外面，遭人殘忍地強暴並刺殺身亡。整個過程中雖然她厲聲求救，卻沒有人搭理。她遭人追殺時發出的聲響迴盪在夜色裡，至少有超過三十六人還醒著，這些人要不是打開電視機，在床上翻了個身，但卻沒有一個人決定要關心一下。

為什麼？是因為恐懼，是自私，是疏離。或許是他們心想會有人做點什麼，或許是他們覺得愛莫能助。人們的怯懦和冷漠，給了一名連續強暴犯和殺人犯強大的掩護，讓他在殺了那女孩後，還返回現場從她錢包裡拿走五十元。

如果那個晚上我們就在那棟公寓裡，我們會怎麼做呢？一年發生六百三十六起謀殺案，再加上自顧不暇的忙碌生活，是否讓我們對一名女性在瀕臨死亡時發出的慘叫感到麻木？

儘管這個故事說明了當今社會的所有弊病，但事實上，姬蒂有一位鄰居沒有那麼離譜。事實上，是不止一人。有名公寓住戶聽到了聲響，是位叫做蘇菲亞．法洛爾（Sophia Farrar）的年輕女性。據她說，她想姬蒂遇上了禍事。

才三十幾歲的蘇菲亞家中還有個嬰孩，但她不顧自身安危，趕忙穿上衣服，往發出騷動的方向跑去。姬蒂倒在大樓門口，擋住了門扉。蘇菲亞小心翼翼地推開門，看見姬蒂倒在血泊裡奄奄一息，前胸和肺臟都被刺穿。蘇菲亞拚了命地放聲呼救，直到某人叫了救護車。她在姬蒂耳邊低聲鼓勵她要撐住，救援馬上就會來。她對垂死的姬蒂說大家愛她，很快會有人來救她。

但已經太遲了，姬蒂在送去醫院的途中流血過多身亡。

「我只希望她曉得我在那兒陪著她，」蘇菲亞說，「她不是一個人。」

沒錯，姬蒂．吉諾維斯的遭遇就是一則怯懦和冷漠的故事，但這同時也是一則好友懷抱著姬蒂陪她走完生命終章的故事，縱使太多人選擇放棄，但安慰和仁慈仍舊存在於這世間。

你選擇做哪一種朋友和鄰居？

姬蒂・吉諾維斯是一名女同性戀，才剛與女友公開同居，這在一九六四年的時代可不是件容易的事。姬蒂和蘇菲亞並非只是走廊裡遇到會打聲招呼的交情而已，她有時候會幫忙開車載蘇菲亞的兒子上學。姬蒂和女友有事要出城的時候，蘇菲亞會幫忙照顧她們家的貴賓狗。當有需要的時候，她們會彼此扶持、幫忙，就像鄰人該做的那樣。當災難降臨到姬蒂的身上，蘇菲亞在這重大時刻現身。

「人們會表現出各種勇敢，卻容易忽略為自己的近鄰做出勇氣的行為。」筆名喬治・艾略特（George Eliot）的英國小說家在她的小說《米德鎮的春天》（*Middlemarch*）有著這樣的觀察，蘇菲亞・法洛爾顯然不是她筆下所描述的人物。《紐約時報》揭露了姬蒂的命案，引起數百萬人關心，但蘇菲亞的名字卻沒有出現在報導裡。她從沒接受過訪問，從沒引起任何關注，也從來沒有出來為自己辯護，說她並不是那些冷漠、懦弱的鄰人之一。

但僅僅是因為她沒有被記上一筆，沒能成功挽救姬蒂的性命，並不能抹滅她所表現出的勇氣。重要的是，蘇菲亞試著採取了行動。她不顧自身安危跑去案發現場。她大聲呼救，為姬蒂帶來安慰和關心，這才是英雄的作為。

我們不一定會總是成功，但我們必須一試。我們不應該陷入鐵石心腸或漠視事不關己的心態。我們也不需要等待哪個重大的時刻才可以這樣做。這種事每天都可以實踐，為我們自己或為旁人。

「我為我從一開始就做了正確決定感到自傲，」蘇俄文學家瓦爾拉姆・沙拉莫夫為他在古拉格監獄裡受到的試煉如此解釋道，「如果要用另一個人的死亡換來更多自由，如果我得到自由是因為壓迫像我一樣的其他囚犯去取悅上面的老大，那我寧願不要當一名工頭。在這場巨大試煉中，我的身體和精神都具備比我想像中更強大的力量。而我為我從未出賣任何人，從未讓另一人去送死或被判刑，也從未詆毀過任何人感到自豪。」

現代世界的自由，功成名就的自由，這些並不表示你可以不去關心他人的自由，並不是你可以表現冷漠的護身符。是的，你有很多自己的事要忙。是的，這世上有這麼多壞蛋不是你的錯。但，這並不是說你就能夠闔上自己的耳朵，不去關心樓下那名無辜女子發出的尖叫聲。

猶太大屠殺的受害少女安妮・法蘭克（Anne Frank），她的鄰居梅普・吉斯（Miep Gies）是一名跟蘇菲亞年紀差不多的青年女子。梅普有好幾個月的時間冒著危險幫助安妮一家藏匿在閣樓裡，並為他們提供生活所需物品。當然，我們也知道這個故事的結局——有另一個鄰居背叛了他們，但我們必須將重點放在那些英勇獻身，努力阻止這種事情發生的人們。如同吉思所說的，我們要有勇氣去幫助別人，縱使那是場無望打贏的戰鬥。「嘗試採取任何行動都好過無作為，」她在多年後回顧此事時說，「勉力去嘗試或許會出錯，但毫無作為顯然注定會失敗。」

我們必須一**試**，因為要是我們不試，誰會做？

不能僅是哀嘆我們所處的世界籠罩在黑暗裡，我們要尋找光，我們要做那道光。去照亮我們的近鄰，彼此照亮。

大膽但不魯莽

一人可成千軍萬馬。

很能鼓舞人心，但也非常危險。

要是那一人錯了怎麼辦？又或者他其實過分自大？要是他投身的並非正義之事怎麼辦？這正是暴君之所以誕生，殘暴政權之所以建立，信仰宗派變身末日邪教的由來。

一人不只能輕易地領導他自己，也可以領導多數人跳下懸崖。

因此，我們必須要了解到，勇氣作為一種德行必須要拿另一種同樣重要的美德來衡量，那就是節制。沒有錯，古希臘哲人亞里斯多德就是用勇氣來闡明節制的概念。他說，勇氣就落在兩種惡性的中間點，怯懦是最為人所知的，但魯莽其實同樣地危險。

有人說，下令輕騎兵團發動衝鋒的盧坎勛爵是個過分謹慎的混帳，但一句話都不問就帶領這場自殺式衝鋒的卡迪根勛爵，則是一個魯莽的混帳。*兩人都很糟，只是人們容易譴責前者多過於後者。

這是個錯誤，恐懼至少可以保護一個人，全然地不知畏懼則會帶人走向毀滅。

奧理略所致力追求的正是這樣一個境地：「既不魯莽，也不猶豫；不困惑，也不陷入茫然……既不諂媚奉承，但也不咄咄逼人或狂妄偏執。」那位領導者就好似一名到處找人打架的青少年，最終會發現人外有人，他們會輸，而且可能輸掉的不只是他們的自尊心。更糟的是，誰曉得是不是還有其他人不被拖累，為他們的妄自尊大付出代價？

有名斯巴達士兵在一場對抗底比斯的戰役中，因為表現出超人的英勇行為而獲得表揚。然而該場戰爭結束後，他卻因作戰時沒穿戴盔甲而遭到城邦統治者罰款，這是因為他毫無緣由地危害到斯巴達資產，也就是他自己。

勇氣，不是男人互比誰的下面大，也不是毫無助益的虛張聲勢。不是說你認為自己所向無敵就可以不戴上機車安全帽。勇氣跟冒險有關，但僅限於冒必要的險，冒深思熟慮過後的險。

這就是為什麼真正的勇敢表現經常總是不為人知，當事人不會有空閒也不會有興

*軍人的天職就是遵守命令，但到了現今，要是軍人對一項命令的安全性或道德性有所質疑，他們也能夠向上級層層反映上去，直到補正為止。

趣吹噓誇耀。更別說，他們曉得自誇自讚只會害他們變成目標，那樣能有什麼好處？這並非意味著他們膽怯或是抹滅自我價值。讓我們再次搬出亞里斯多德說的話，「直截了當」正是介於誇大和貶低之間。要是你心裡明白，你就是明白。

當你遇到世人流露出真正的勇氣，你會在親眼見證前感受到其強烈的能量。它不存在於尋求刺激或蠻勇的人的滑稽模仿秀當中，只有半吊子才會到處愛現，如同前面說過的。勇敢的人並不笨，因此才不會主動引起衝突。即使在他們大膽行事的時刻也會保持低調，除非你碰巧遇見他們遭遇少數罕見的決定性時刻必須訴諸於勇氣。而同樣的，即使在行動中，他們仍舊會審慎且冷靜，有條理和分寸。

這樣的勇氣體現出來，就是像奧地利作家褚威格（Stefan Zweig）筆下對麥哲倫（Magellan）的描繪那樣，這位航海探險家的勇氣是毫無疑問的：

「這裡有必要再次強調，麥哲倫的大膽、無畏總是呈現出一種特殊的面貌。以他的情況來說，大膽行動並非按著衝動行事，而是巧妙地訂下計畫，憑藉無比的謹小慎微和深思熟慮後，再去做危險的事。他最冒險的計畫，就好比精鋼一般，是先在火裡鍛造，再放入冰中使之堅硬。」

我們視之為榜樣的這名仁兄，與其說他是頭腦發熱，不如說他更像隻冷血動物。

在壓力下保持優雅，也有人會說成是在**壓力下保持冷靜**，不是沒有原因的。**謹慎**和**小心**不是勇敢的反義詞，而是能補充其不足。

打包勇氣的時候，要將另外兩種特質一起帶上。

我們經常有理由為自己的魯莽感到後悔，但是勇氣呢？永遠不會。

主動行動，而不是被動接受

一直要等到二〇一一年四月，遭到八卦網站攻擊，一直被人說「你只能束手無策」的整整四年後，彼得．提爾終於改變了想法。

或者換句話說，他的思想豁然開朗。

提爾在德國柏林與一名我們僅知叫做「A先生」的晚餐席間，與對方談及Gawker網，以及他對該網站的惱怒。提爾大罵該八卦網站對科技圈文化造成了寒蟬效應，他們揭露個人隱私卻不會遭受懲罰，而且還以他人的痛苦為樂。A先生的勇氣可不小，這位仁兄劈頭就對眼前這位億萬富翁提出建議，直言提爾為何不使用他豐富的資源來做點什麼。「不。」提爾回答，他就像隻鸚鵡一樣重複許多人對他講過的話：「那是不可能的。」

然而在那個當下，他被一句我們每個人都該聽聽的話擊中心房：「如果每一個人都這樣想，我們的世界會變成什麼樣？」

雖然主導力是人人與生俱來的能力，但少有人選擇去伸張這種內在的力量。我們輕易就會接受其他人加諸於我們身上的限制。我們會聽進人家說什麼事可行，什麼不可行。然後，在對其困難度做了判斷之後，用這些意念衍繹出我們願意相信的現實。

恐懼所做的，就是藉由讓你「相信」來剝奪我們的力量。如果你不相信你能做到某件事，不只是你不太可能做得到，那幾乎保證了你連試都不會去試。那是為什麼我們需要更多人來打破這種心態。

改變南丁格爾的那一刻，是她意識到她想要的東西永遠不會有人給予她。正如她在日記中寫下的，她發現她必須自行伸手去拿，必須自己建立她想要的人生。

「那不是法國人的作風。」有個人告訴拿破崙某個問題不可能解決時如此說道。然而，拿破崙竟逕自實現了其他人說不可能做到的事，不只為了他自己，也為了法國。

彼得．提爾寫道，「一切，始於不想讓專橫的機遇來決定一切，而是靠自己的努力去改變。」他心知肚明，他只是需要去相信。

拋開宿命論，取回自我人生的掌控權，就像南丁格爾那樣。拒絕被動地相信我們只能受無法控制的力量擺布。是的，你能做到某件事，而且你必須要做。

如果沒人相信歷史將由握有力量的偉人寫下，那麼誰能寫下歷史？

看來肯定不會是你，肯定不是我們需要的英雄。

我們每一個人手中都握有終結自我束縛的能力。我們每一個人都握有伸張內在主導力的能力。要從選擇相信開始，但你必須付諸行動才能保證其結果。文藝復興巨匠達文西曾說，締造成就的人很少是因為那些事情自己找上門。不，他們本身就是推動那些事業，終至開花結果的「始作俑者」。

那麼你想要選擇哪一種？是雷打不動的頑石，還是無人可擋之勢？是領袖，還是追隨者？被動的接受，還是主動站出來對抗？

你必須相信你能夠做出改變。你必須試著去做到，因為，這同樣能成為另一種由信念衍繹的「現實」。無法以常理度之的人，才是改變世界的人。相信他們能夠決定故事終局的人，才是至少有機會寫下歷史的人。

在柏林那場餐會之後，提爾決定動用金錢來主導一件後來震驚世人的祕密計畫。*Gawker 網遭遇了另一件與提爾毫不相干的法律訴訟，最後該網站因其惡劣行為被判賠一億四千萬美元，然而這曠日費時的法律行動後面，有著來自提爾的祕密支持，為的就是要對 Gawker 網造成壓力。**

我們不一定要贊同提爾的做法。他在暗地裡資助各項訴訟最後拖垮這家媒體，並由他買下這家公司並結束營運的做法，不難想像人們對此必定感到震驚。不過事實上，這裡要質疑的應該是另一種東西。因為在這個案例上，一個人內在的主導力所占的影響不大，應該要注意到的是提爾聲明其意志並施展主導力，最後達成的相應目標。

但肯定不會有爭議的是，他所達到的成果少有人能辦到，想必也少有人敢嘗試。沒人能料到他在背後主導這些事。提爾在其他人覺得不可能的時候找到可以施展力量的地方。他不是讓事件延燒到他身上，而是自行創造事件。提爾按著自己的意念做了他認為必要的事，讓這個世界更自由、安全的事。

＊譯註：根據報導，提爾為此案件原告方祕密提供訴訟資金，且該案原告在判決出來後，拒絕接受由 Gawker 網的保險公司支付賠償金，導致該網站不得不宣告破產。與此同時，提爾還成立法律團隊，四處尋找該網站報導的受害者並協助對其提告。

＊＊提爾對 Gawker 網發起訴訟戰的完整版本，在我另一本書《陰謀》（*Conspiracy*）中有詳細描述。

當暴力就是答案時

法蘭克・賽皮科在陪審團面前對紐約警局的腐敗官員作證後沒多久，他就被重新調回曼哈頓北區。復職首日，他可以感受到有些事情不大對勁。雖然沒有人故意盯著他看，但整間辦公室有一股無形的壓力朝著他襲來。空氣中充斥著較勁意味濃厚的原始氣息，跟自有這類事情以來，非洲大草原和青春校園裡會上演的沒什麼兩樣。一名警察（很明顯他被指派來做這件差事）以眨眼的速度逼近賽皮科。在近身的距離內，他從口袋掏出一把彈簧刀，握在手上。他邊彈出刀鋒邊說，「別以為我們不知道如何對付像你這種傢伙，我應該把你的舌頭割下來」。

但這名警官不了解，他不曉得賽皮科其實就像弗雷德里克・道格拉斯那樣早已厭倦這一切，再也無法忍受。剎那間，賽皮科抓住那人手腕，一下子把他扭倒在地。賽皮科用膝蓋壓住他的背，將之壓制在地，然後掏出身上的九毫米半自動手槍抵住他的後腦勺。「動一下，」賽皮科說，「我就轟掉你這混帳東西的腦袋。」

手槍裡有十四發子彈，夠他解決掉房間裡十四個人。也足夠讓賽皮科清楚表明：

他才不會被這些人給嚇唬，也別想要有人敢來碰他，他不會退縮。

這種激烈對峙的緊張時刻是突顯了他很酷還是很厲害？不，這種事情應該都不要發生才對。不該讓一個好人需要拔槍對付壞人，不該有人做了正確的事，還需要站出來捍衛自己。

這個世間並不在乎是不是有些事情「該或不該」。難道我們會希望賽皮科也一起加入貪汙的大染缸，而不是出來捍衛自己嗎？難道他就該在揭發貪汙事件之前，就遭人殺害嗎？甘地是眾所周知極其溫和與自制的人，就連他也知道，有時候還是該跨越某些底線。他說過：「當你眼前的選擇只剩下懦弱與暴力，我建議選擇暴力。」

警局的那些人想要逼賽皮科閉上嘴巴，他們要他在保全生命和表現正義之間選一個，他什麼都沒選，反而是扭轉了局面。

任何人都不該遭遇這種情況，但你該曉得有時候你可能會落入這種困境。就是在這種時刻，你會明白防身術教練很愛講的一句話是何意義：「暴力很少是答案，但當它是的時候，暴力會是**唯一答案**。」

一名斯巴達的將軍對某些膽怯的同胞，說出了相同的觀點。他看到一個男孩抓到一隻老鼠，那隻老鼠用力甩動尾巴咬住了小男孩，有感而發地說：「連一隻這麼小的生物為了保護自己，都會像這樣去攻擊抓住牠的人，換作是人該怎麼做，你們覺得呢？」

正如那隻老鼠所顯示出的那樣，任何生物要是沒有保護自己的意願，都不可能長命。缺乏勇氣，缺乏戰士的精神，沒有人能長久活命下來，國家也是。世上有很多勇敢的和平主義者，但即使是他們，也明白在某種程度上，他們鼓吹和平的理想之所以行得通，是因為其他人願意務實考慮其自身立場。

有時候，我們需要身體上的勇氣去保護道德上的勇氣。有時我們會遭遇危險，或者我們所愛的人遭遇危險。這種時刻，不管是善意的言語還是保持平靜都不可能減輕這危險一絲一毫，我們需要的是展現強而有力、主動積極的力量。這種時刻，我們不能逃避、不能退縮，我們不能被霸凌，不能什麼都不做。

這種時刻，我們要反擊，而且要大力反擊。

我們必須舉起拳頭，表明立場，免得我們淪於跪下的結局。

起身離開

這裡簡短地講一下法蘭克・賽皮科的母親瑪莉亞・喬凡納（Maria Giovanna）是如何來到美國的故事。她與丈夫為了尋找更好的生活，於是計畫從義大利移民美國。他們的計畫是由瑪莉亞先來美國，因此，她便懷著七個月的身孕，搭船遠渡重洋而來。

航程才走到一半，她便在船上臨盆，生下不足月的孩子。在一片隆冬中抵達新天新地的瑪莉亞，忍受著產後出血的痛苦，而且她還一句英語都不會講，說好要來接她的親戚則根本沒有出現。那個年代還沒有新生兒護理專科，她很有可能會失去寶貝的孩子，獨自一人淪落到慈善醫院。

幸而過了一個星期，瑪莉亞聯絡上一個遠親家庭並獲得他們收容。她跟著這家人在布魯克林住了一年，在工廠做著辛苦的工作養活自己——沉默、堅忍地，同時等待著丈夫從義大利過來。

等到賽皮科的父親終於到了美國，他發現他只能找到擦皮鞋的工作。他花了幾乎十年的時間才存到錢開了自己的修鞋鋪，這是他最一開始就懷抱的夢想。這些歲月裡，這對夫妻養大了三個孩子，其中一個在日後幾乎是憑著一己之力去對抗並改革了紐約市警局。

離開你的家，離開你所知道的一切，為了希望——通常是一種黯淡、天真、投射出的希望——去冒一切風險，去尋求更好的生活？越過千山萬水，還要勇敢面對槍林彈雨，人們的偏見、藩籬和不確定的未來？這恐怕是人類所能做的最有勇氣的事。

也是激勵人心的美好之事。

納粹的宣傳部長戈培爾（Goebbels）將歐洲的難民和移民形容成是「會移動的屍體」。他認為他們是在逃難，是別人的問題，很快就會在某個地方化為屍骨。他們不會給人奉上最好的東西。

是嗎？他們踏上旅程所需要的勇氣，賭上一切所需的韌性和決心，這些都不算？這些人或許未必是教育程度最高、最富有的一群，有些人可能會鑄成錯誤或留下失敗，但移民很明顯地展露出我們欽佩的美德。他們是疲累的？是溫順的？不，他們是不屈不撓的戰士，他們是開路先鋒和探險家的後裔。要是我們沒了這種勇氣，我們現在會成什麼樣？

讓這樣的特質融入經濟、文化，誰會不想要？在我們過著舒適、安全的生活的同時，誰能不會從中學到一些東西呢？

當然，移民並不是這種「起身離開」的唯一形式，有時，那是下決心辭掉已經看不見希望的工作的勇氣。有時，那在我們投入全副人生和畢生積蓄的計畫上召喚著我們。那也有可能是下定決心退出某個政黨。在許多年不快樂的婚姻生活後，下定決心結束婚姻。

我們已經盡了力，也掙扎過了，即使努力爭取，但仍舊徒勞無功。

有些人會拿情況還是很棘手作為藉口，有些人會看周遭環境作為失望的理由。有些人認為機會不來，沒關係，反正船到橋頭自然直。但，其他人則是會起身，想辦法做點別的事。

你是哪一種人？

在蘇格拉底與拉凱斯（Laches）談論勇氣的對話中，蘇格拉底要拉凱斯先為勇氣下一個定義。他得到一個很好的答案：「勇氣是一種施加予靈魂的耐力。」當然啦，蘇格拉底不會就此罷休，因為忍受錯誤的事物，持續致力於有勇無謀或毫無可能的計畫，很難被稱為是明智之舉。

離開是可怕的，某件事的結束會讓人感覺好像是某件事的死亡。新的地方、新的事物，則使人心裡不踏實。感覺很冒險、很不快，那是種艱難的決定。沒有人能保證下一站是什麼，下一種嘗試會更好。但很能確定的是，繼續在同一個地方用同一種方式做同一件事情，一而再、再而三地，這不只是荒唐，最終會變成一種怯懦的表現。

無論那是某個來自墨西哥、敘利亞或斯里蘭卡的人，又或者那是某個人毅然決然放棄一樁失敗了的生意或已經欲振乏力的利基市場，都無關緊要。不管那人是否循規蹈矩，又或者是心誠意善的天使，重要的是他們正努力做些事情。他們做的是掌控他們自己的命運，而不是讓命運來操縱他們。他們要下一個很大的賭注，真正需要膽量的賭注。

要是我們心裡明白要如何才能縱身飛躍，當我們在別人身上看到這一點時，應該要感到欽佩。我們也應該從他們的事蹟獲得激勵，人生不會有完全無望的時刻，我們永遠有主導力在手上可施展。我們永遠都能鼓起勇氣，款好包袱，動身上路。

做好你的工作

一八〇五年十月二十一日，再一刻鐘就要十二點，赫瑞修．納爾遜（Horatio Nelson）將軍下令旗手對英國艦隊打出信號，以開啟特拉法加海戰（Battle of Trafalgar），那就是：「英格蘭期盼人人克盡職守」。

他要他的軍隊貼近法軍的船艦發起戰鬥，做好他們所受訓練該做好的事。

恐懼讓我們有不少理由去說為什麼做不到某些事情。那太難了，那太危險了，成功的機率太低了，這樣的命令沒有道理，老闆應該讓我當組長才對。

勇氣則會隔絕這些雜音，讓你專注於當下，提醒你這個情況需要你做什麼，提醒你上場所為何來。

我們各自背負著不同的職責。醫生有其職責，法院官員有其職責。軍人的職責是要保家衛國。父母對孩子，配偶對配偶，各自有不同的職責。任何有潛力的人有其職責，任何有良心的公民也有其職責。職責，並非只是做好你宣誓要做到的事，並非不去做法律明令禁止的事，而是要去做我們身為正直的人所該盡到的責任。我們的職責是做好應為之事，而且要立刻去做，沒有心不在焉這回事。憑藉著我們的真誠和承諾，相信我們能夠有所作為的信念，我們必須去做。

這會很難，畢竟，你所在的職位可能會讓你陷入困境。你可能會發現你跟普利斯庫斯有同樣的遭遇，即被羅馬皇帝命令要迴避朝廷，不准聽從良心的聲音去執行自己的職責。利益之間的衝突可能導致緊張局面，批評和風險也會隨之而來。

但，所以呢？

你可知道，如果我們迴避艱難的問題，會發生什麼？當我們告訴自己那沒關係？當有人當下沒做好分內之事，或是把困難的決定踢給別人？那會迫使其他人之後要再做一次同樣的事，甚至是付出更高代價。歷史上發生過多次的綏靖和拖延，在在都告訴我們：帳單最終一定會到期，而且還附帶利息。

關於職責，我們當然是可以選擇不去完成，但與此同時，我們心知：其實我們沒有選擇，或說只有一種選擇。

特拉法加戰役持續了五又半個小時，英國艦隊將法國和西班牙的聯合艦隊打得落花流水。這場戰役，原是拿破崙計畫征服歐洲的頂峰，也是歷史上最困難的海戰之一。

納爾遜將軍大可待在一個安全處所觀戰，且由於他在前一場戰役失去一隻手臂，這也該是審慎之舉。但，站在一定距離外領導作戰有太多風險。更別說，將領應該與他要求他的士兵做到的那樣，勇敢面對相同的危險。於是，他站在甲板上來回踱步，絲毫不在乎前方的危險，一面下令一面做出調整。他將全副精力投注在如何對付敵人，將全部的力量都傾注在戰事的當下。

然而，飛來一顆子彈穿過納爾遜將軍的背脊。眾人將他抬到船艙內，納爾遜將軍喃喃地說出他的遺言：「感謝上帝，我完成了我的職責。」

我們都應該為懷著這樣的想法感到自豪，「只要有勇敢之人為我們防守，任何危險之地都可立足」，約翰．甘迺迪總統這麼說過。

險境化為安全之地，是那些做好分內事的人的功勞，那些回應呼召的人的功勞。賽皮科直接對上他的同事，南丁格爾挑戰她那個時代的官僚制度和人情冷漠。老羅斯福總統則是邀請布克．華盛頓來到白宮，直接大力捅了馬蜂窩。

邱吉爾堅決不投降，他努力撐著爭取時間並拉攏盟友，這樣他才能拯救英國。就跟納爾遜將軍一樣，他相信「有個東西正在時間、空間內外發生作用，那東西就叫做『職責』」。

當呼召來臨時，他就回應，如同眾多偉人都曾做過的那樣。當呼召來臨時，你會回應嗎？

你可以戰勝困難

那是他自己促成的解決辦法，但那樣並沒有使其無法成為一個解決的辦法。北韓向南發動侵略，迅速地攻退南韓軍隊。亞洲戰區的指揮官麥克阿瑟將軍當時人在日本，這事發生太快，讓他猝不及防。得到聯合國軍隊的援助，他調派軍隊進入南韓，但這樣也僅能勉力擋住攻勢而已。

南韓首都首爾宣告淪陷，他們被人掐住了脖子。被困在稱為「釜山防禦線」（Pusan Perimeter）範圍內的美軍接到命令，要他們「拚死抵禦」。

勝利的希望非常渺茫，每個人心裡都如此認為，只除了麥克阿瑟將軍以外。

他有個想法：在南韓海岸線往上一百五十英里之處的仁川港實施兩棲登陸，從後方攻打敵人。他相信，攻敵人於不備，將能扭轉戰爭的浪潮。

不過，海水的浪潮才是問題本身。如果有人想要設計一個難以攻下的港口，那麼這個令人望而生畏，到處都是工業建設的仁川應該無人能出其右。

這個港口擁有各種你能想像得到的地形障礙。由泥灘和岩岸組成的海岸線旁修築了水泥堤岸和碼頭，這個沒有平坦海灘的港口在退潮時有望成為一個殺戮場，漲潮的時候，水面下則會形成看不見的離岸流，這時又成了個海底埋葬場。一個月當中只有兩天可以登岸，就算在這樣的日子裡，也只有幾個小時的時間可以行動，這還是說要是敵人沒有埋下地雷的話。

每個人都對這計畫持保留意見，除了麥克阿瑟以外，他大踏步走向黑板，用法文寫下：「De Qui Objet?」（目標是什麼？）是要讓敵人出其不意，對其施加壓力。他在地圖上圈出仁川港的位置，「這裡，是我們應該登陸的地方——仁川，直接攻向敵方的喉嚨。」他說，大夥不應「聽從自己的恐懼」，因為這件事關乎意志和勇氣。

他的上級檢視了這場行動的計畫，他們並不賞識。「這場行動並非不可能，」海軍中將這麼對麥克阿瑟說，「可是我不建議這麼做。」

得到這樣的回應本該令人氣餒，相反的，麥克阿瑟卻感到振奮。因為他們這樣是在告訴他「有機會」，那就是「並非不可能」的意思。不管那機會是百分之一還是百分之零點零零一，勇氣之人需要聽到的是尚存一絲機率。

那很困難？那不可能？都不重要。

碰巧的是，這種完全不可能的情況正是麥克阿瑟心中竊喜的原因。「北韓同樣會認為仁川登陸是不可能的事情，」他說，「這樣一來，我就能攻他們個出其不意。」即使高聳但並非不可逾越的障礙，是勇者贏得驚人勝利的絕佳機會。

來自華盛頓安全地帶的委員會無法點出局勢的「現實」，也沒有人能夠說服麥克阿瑟。他想起父親跟他說過的話：「道格，戰爭委員會只會流瀉出膽怯和失敗主義。」他自己評估的成功機率是五千分之一。

這樣就夠了，「我幾乎能聽到命運的秒針在滴答滴答地走，」他說，「我們現在就必須行動，不然我們都會死……仁川行動將會成功，它會拯救數十萬人的性命。」一九五〇年九月十五日，他們開火，啟動入侵行動。

只有短短幾分鐘的時間可運用，大約一萬三千名海軍陸戰隊員登陸了。麥克阿瑟上岸時，他做的第一件事是嘔吐。但他做到了，他打敗了機率。幸運之神眷顧勇者。*

如果沒有人夠勇敢去挑戰機率，我們會變成什麼樣？如果每一位創業家、社運人士、將領都聽從預測內容來行事，我們這個世界會變成什麼樣？如果每一位腫瘤科醫

*這裡值得提上一筆，麥克阿瑟在六個月後遭到毫不客氣地解除職位，因為他被勝利沖昏頭。記得，大膽並不是魯莽，你不能拿其他人的生命做賭注。

生都完全相信診斷的結果一定正確，那麼他們也用不著拯救他們的病患了。

如果每一支球隊到了第四節都相信他們已經落敗，那麼他們永遠不可能逆轉勝。

如果每一位英國皇家飛行員都看過一九四〇年時的數據，也就是每一飛航架次會有十分之一的死亡機率，英國還有辦法堅持下去嗎？

如果我們只做有把握的事，如果我們只在情況是有利的時候才要行動，那麼我們不可能創造歷史。平均值就是與發生的一切背道而馳，這就是為什麼我們將之稱為**平均值**。

我們必須要記得，這些民調、評估、統計模型都是靜態的，是人所無法預測、說明的，都是個人憑藉其主動施為的能量讓事情發生，而非單單退後，等待事情發生到他們身上。

我們需要勇氣，才能看著平均值的數字，說：「我不在這平均值裡面。」或說：「有的人是例外，而那可能就是我。」

這就是勇氣。事實上，若非是勝算太低，若非是擁有這樣的意志，願意冒著落敗風險一試——無論是工作、比賽、交易、你的人生，也用不著勇氣了。如果確定有這樣的意志，要勇於去做些什麼呢？

你必須明瞭你不是平均值，你從來不是，你是獨一無二，你已經擁有對抗壞機率所需要的。

如果你不相信這一點，不妨想一想，你自身的存在不就是發生機率奇低無比的事？有些科學家估計一個人要成功誕生的機率，約在四百兆分之一左右，而事實上這還是個低估的數字。要是考慮一切必須發生的因素：你的父母必須相遇、你必須要能長大成人、此時此刻的你在這裡，思考著想要著手做些什麼。你不單單是個奇蹟，還是眾多不可能的奇蹟所促成的奇蹟。

是的，此時此刻的你。

所以，你要因為成功很少不受阻礙這樣的事而退卻嗎？你要容許所謂的「平均值」來幫你決定什麼能做、什麼不能做？你想讓這些藉口拖垮你，說服你打安全牌嗎？還是乾脆不予理會？這並不是人活著追求偉大、卓越的祕訣。

當然，你不能無視可能隨之而來的危險，特別是有其他人需要依賴你的時候。如前面提到過的，經常說要「賭上公司存亡」的創業家最後都會走上破產一途。當老闆的是可以離開、再去賭一把，卻是員工要承受最大的衝擊。

無論如何，我們無法逃避：有時就是必須鼓起足夠的勇氣對抗逆勢，然而這樣做是因為存在著成功的真正機會。或許我們不常這樣做，但當別無選擇的時候，這是唯一的選擇。

令他們驕傲

羅馬共和國時期的政治家馬爾庫斯．波爾基烏斯．加圖（Marcus Porcius Cato）又稱小加圖，他在戰場上英勇面對死亡前吐出的最後一個字，是他父親的名字。

然而，加圖的女兒波西亞（Porcia）因參與暗殺凱撒行動有分而死，她的遺言又是什麼？她說的是：「吾乃加圖之女。」

這兩人的父親都為他們立下了典範，他們都不想讓父親失望，都想要繼續奮鬥。

雖然我們少有人能像意志堅強、廉潔自愛的小加圖的孩子那樣出身名門，但我們並沒有比較差，仍舊是承繼了悠久而輝煌的傳統。我們是包括加圖和所有曾在世的英雄的非直系後裔，因為沒有他們，我們就不會存在。

所以，我們怎麼能有理由讓他們失望？

如同朗費羅在讚美詩中說的：

偉人的生平提醒我們
吾人亦能使生命變得不凡
即使離開人世，在我們身後
仍能在時間的沙上留下足跡

當我們遇到困難時，無論是在個人、在工作、在政治方面，我們都能夠從過去的典範人物身上找到力量。我們可以讓偉大的事蹟和鼓舞人心的話語堅定我們的決心，加固我們的承諾。

蘋果公司曾有一段時間遠離了創新和叛逆的初衷，創辦人史帝夫·賈伯斯（Steve Jobs）就是用了這種方法帶領這家公司重回正軌。「有個方法幫助你記得你是誰，」他這麼說道，「就是記起你所敬佩的英雄。」

或許對你來說那人是耶穌基督，祂拒絕逃命，勇敢地被釘上十字架。或許那人是奧迪·墨菲（Audie Murphy），美國史上贏得最多勛章的軍人。他爬進燙得快燒起來的驅逐戰車，用那管點五零機槍掃射敵人超過一個鐘頭，阻擋敵軍繼續前進。即使是在他受了傷，還是拒絕退後，繼續守在樹林裡直到增援的兵力抵達。或許那人是拳王阿里，他冒著失去一切的風險，還是要公開抗議越戰。或許那人是南丁格爾，不顧父母的阻撓，掙脫她那個時代的限制，成為新時代的先驅。

哈瑞・波恩並不想要毀了他的政治生涯，因為他的寡母需要他的奉養。然而，最終我們發現他的母親並不是拖累他，而是為他帶來啟發。波恩為了母親的緣故做了正確的事，即使那樣做對她有些許風險。對我們自己家人也是一樣。我們站出來，挺身而出，都是因為我們想讓他們引以為榮，我們不會想背叛家人的期望。

為我們立下勇敢典範的先人和祖輩多半已離我們遠去，但難道他們的事蹟沒有留下嗎？對他們的記憶，難道不是都留存我們心中，在我們需要加油打氣的時候助我們一臂之力？

每當人生遭遇黑暗的時刻，就是緬懷他們的最好時刻。每當我們感到動搖的時刻，恰恰給了我們現成的勇氣供我們利用。想想那些從前度過勇敢人生的人，想想你與他們之間的連結。

「你的祖父是個勇敢的人，」塞內卡的父親如此寫道，希望能激勵他自己的孩子與孫輩，「以他們為榜樣，你要比他們更勇敢。」

想像你自己擁有熱血和勇氣的先祖正站在此處，看著你、保護你。提醒自己，他們此時、此刻會怎麼做？你不能讓他們失望。

所以你要比他們更勇敢，就在這決定性的此刻。

當我們超越自我時……

「人會因需求而驅動，但會受價值觀而吸引。」

——維克多・法蘭可

如果說勇氣具有某種不合理的成分，那麼有另一種東西就更難解釋了。那就是「無私和利他主義」。說真的，演化心理學家、生物學家、劇作家長久以來都想盡辦法要搞懂這個東西。

美國史學家費恩巴哈（T. R. Fehrenbach）曾做出觀察後這麼說：「人類的愚蠢比人類的英勇還容易解釋。」

勇氣可以帶來明顯的回報，一個人之所以願意冒險，是因為他希望能獲得回報，而且是其他人不敢伸手去拿的回報。但犧牲自己又如何呢？或者是為某件事情做出很大的犧牲？先有勇氣，才有英雄主義，那是勇氣的最高級表現。這種形式的勇氣，體現在那些願意為他人付出，且有可能是付出一**切**的人身上。

曾經有一名怯懦膽小的領導者站在軍人墓園裡面，他環顧那些為國家作戰，喪失性命的軍人的墓碑，他說：「我無法理解，他們是為了什麼？」大多數人這樣問是出於某種謙卑和敬畏，想要了解為什麼有人會做出如此不可思議的作為。但對於那些只懂得利益交換，那些性格怯懦、只想到自己的人而言，他們則是發自內心感到困惑。為什麼有人會為他人放棄自己的生命？這裡面是有什麼交易嗎？

保全自我的念頭一定是很強烈的，尤其是對於那些有務實傾向的人來說。一個人必須非常強大，才能忽視這一點。有一個奇怪的悖論：沒有強大自我意識的人不大可能勇敢得起來。然而，勇氣的最高形式需要無私，那在某些情況下可以解釋成是願意終結自我生命的傾向。這要如何才能說得通？或許用言語就是無法解釋。或許，有時候勇氣會在某一刻突然湧現，那種超越我們理解範圍的力量。就像母親在危急時刻，用超人般的力量把汽車從小孩身上挪開一樣，這種壯舉超越了日常生活中我們所能想像的範疇。

可是，我們應當知道這對於人類作為一個物種的生存是多麼重要，更不用說作為一個好人了。世上有些最偉大的藝術作品頌揚這樣的勇氣是有原因的，英雄的名字在他們留下這樣的事蹟後，即使過了數百年，仍舊作為試金石留存世間。

勇氣本身就已經很罕見了，英雄主義是更罕見的勇氣表彰，這種勇氣是如此強大，使我們難以直視。你經常會聽到軍人在榮譽勛章頒獎儀式上，或是衝到火車前救下人的英雄在接受採訪時說出這樣的話：「我只是做了任何人都會做的事。」事實上如果真的任何人都會做的話，眾人就不會如此大驚小怪了。

真正的英雄行為會使我們相形見絀，心中感到謙卑。人心會沒來由地受感動，因為這種行為本身就是沒有任何來由，這也是為什麼我們會給予如此的推崇。

為什麼那些有辦法觸及這種偉大的人的存活率並不高，想來不言而喻。但話說回來，這就是其美妙之處——在某些情況下，他們的逝去是為了讓我們能夠活下來。如果我們不去思索這種犧牲的意義，我們不只辜負了他們，也辜負了自己。

第三部／英雄

「世界是一片遼闊的戰場，人生是到處安營紮寨，莫學那聽人驅策的啞畜！做個威武善戰的英雄！」

——朗費羅

如果勇氣——這裡指的是道德和生理上的勇氣，是指冒著生命危險的行為，那麼英雄的定義非常簡單，就是為了他人冒險的行為。不只是為了你自己的好處冒險，也是為了某個人、某件事、某件更大的志業而冒險。這難道不是身為人類最偉大的表現嗎？在有真正危險潛伏、希望已然破滅的情況下，不會有人呼求一名經理。不會有人呼求邏輯學家去精心設計一項推理。人們呼喚的是行動，是英雄來拯救他們，站出來，做自己做不到的事。當回應人們的召喚時，英雄即是進入了一個更高的層次，即便只是短暫一瞬。他們觸摸到更神聖的事物。Megalopsuchia，斯多葛學者將之稱為「靈魂之偉大」，或許我們可以將之稱為是勇氣的更高一個層級。戴高樂曾被問到，當他提及法國的「偉大」是什麼意思，他答：「是一個人超越自我的道路。」而這就是我們高於別人的勇氣。那是因為這種勇氣極為罕有，更加地深刻，是某種轉瞬即逝的東西。要到達那樣的位置，我們必須勝過恐懼，必須在日常生活中就培養勇氣，而我們必須準備好要抓住生活當中湧現的機會，無論是大是小。

人們需要英雄，你能當一名英雄嗎？

超越使命……

希臘時代的人們並不完美，斯巴達人尤為如此。

但至少是他們並不愛巴結諂媚，而且他們比西元前四八〇年那位蠻橫專制、貪得無厭的君王要好得多。薛西斯一世（Xerxes I）是龐大波斯帝國的統治者，他一心只想要征服更多的土地和復仇。希臘人冒犯了他。十年前，希臘不僅斷然拒絕波斯使者，還使他父親入侵希臘的軍隊遭受挫敗，而現在，他帶著一支龐大的軍隊朝希臘進軍。

有些希臘城邦看到不祥之兆，決定投降。有些城邦接受大筆賄賂，決定向波斯臣服。從斯巴達到雅典、底比斯、阿哥斯（Argos）、科林斯（Corinth），已經搖搖欲墜的希臘城邦聯盟正處於崩潰的懸崖邊上，然而希臘文明卻是整個未來西方文明之所繫，儘管希臘人在當下並不知曉這一點。薛西斯能征服西方嗎？一位手上握有無上權力，被當成天神崇拜的國王，會撲滅自由、平等的餘燼，消滅我們今日有幸享受的生活方式嗎？

波斯大軍來勢洶洶，由於希臘各城邦還來不及集結盟軍，難以為即將到來的侵略做好準備，他們做了一個決定：由斯巴達國王列奧尼達一世（Leonidas I）率領斯巴達三百精兵迅速趕抵進入希臘的唯一隘口「溫泉關」（Thermopylae），盡其所能地拖住波斯軍隊的攻勢。如果他們能強力守住，或許希臘就會受到鼓舞，繼續戰鬥。

「他們說野蠻人已經逼近且即將襲來，而我們是在浪費時間，」列奧尼達一世向他的士兵們說，「事實是，我們要不是殺盡那些野蠻人，不然就是換我們被殺。」就這樣，三百名斯巴達最精銳的士兵往前進發（他們每人都家有妻小），跋涉約兩百五十英里的距離，迎接恐怕是戰爭史上贏面最低微的一場戰鬥。他們從幾個鄰國獲得了些許援軍，不過，據信最終有大約五千到七千名希臘人集合起來抵禦波斯大軍，據某些古代歷史學家聲稱，這支大軍的人數約在一**百萬人**之譜。

而斯巴達人唯一的優勢是？就是溫泉關，這裡是愛琴海旁一道狹窄的沿海通道，可以抵銷薛西斯的壓倒性軍力。此外，跟侵略者不同的地方是，斯巴達人事實上是在為某件事物而戰：他們準備好要戰鬥，並犧牲，好讓其他人能活下來。

「如果你對生命的高貴事物有任何了解，」列奧尼達告訴薛西斯說，「你就不會貪圖別人的財物；但對我來說，為希臘付出生命是一件比當我族人民的唯一統治者更好的事。」

當然了，歷史上那些貪得無厭的征服者總是無法了解這些事。薛西斯所做的第一件事是先試著用錢財誘惑斯巴達人。這個手段已經在某些弱小城邦身上奏效，要是薛西斯處於相同境地，他肯定會撲向這種誘惑。

但列奧尼達不是這種人，海克力士的後裔不會是這種人。選擇容易的路？為了自己獲得金錢而背叛其他人？背信忘義，就為了爬到更高的地位？「希臘人從父祖身上學到，要獲得土地不是透過懦夫的行為，而是透過英勇的行為」，列奧尼達這樣回答。

他選擇了德行，他選擇的是勇氣。

英勇這回事，講的不只是勇氣，更是關乎對高於個人的事所許下的承諾，也正是為什麼希臘人相信這項使命值得拚上一命。你怎麼可能用這麼少的人冒險對付這麼龐大的軍隊？一名盟友問列奧尼達。「如果你的人認為我需要靠人多勢眾，」他回道，「那麼全希臘的人來都不夠，我們只不過是他們的一小部分。但如果我靠的是英勇，那麼這樣的數目僅夠了。」因而，當薛西斯要求斯巴達士兵繳械時，他得到了一句簡短有力的回覆：「不妨過來，親自取走它們。」

整整有四天的時間，光是面臨斯巴達人纏鬥的威脅就把波斯軍阻擋在海灣。到了八月十八日，突擊開始了。一排又一排的波斯士兵衝向希臘軍組成的方陣，接著他們遭遇了石擊。斯巴達士兵踏著一致的步伐作戰，不只是為了他們自己的國家，他們作為真正的英雄，也是為了身邊的夥伴。

第一天結束的時候，薛西斯下令最令人望而生畏的波斯勁旅——「萬人不死軍」（Ten Thousand Immortals）攻破對方的陣勢。一名斯巴達士兵向列奧尼達報告不死軍已經非常靠近，列奧尼達對他說：「沒錯，我們也已經非常靠近他們。」然而就連這支軍隊也遭到大敗，死傷慘重，薛西斯大感驚恐，痛苦的無力感使他三度起身。

第一天的血腥場面即將延續到第二天，列奧尼達並不因他得到的勝利而沖昏頭。他心裡一直非常清楚，無論是否有援軍加入的希望，這都是一次有去無回的任務。但他還是奮勇作戰，因為他出兵就是為了拖住敵人，好讓後方有時間備戰。他自願打頭陣也是為了證明一點——他的犧牲奉獻是為了呼召那些猶豫著是該抵抗還是要投降的希臘人，同樣拿出勇氣來。斯巴達國王奮勇作戰，第二天的場面跟第一天同樣血腥。

到了第三天，很明顯波斯人找到了繞到後方發動攻擊的方法。一項警訊透露出敵人的實力，那就是薛西斯大軍射出無數弓箭，幾乎要遮蔽了日頭。「那我們就在陰影下作戰。」列奧尼達說。接著，他下令所有士兵好好飽餐一頓，因為他們的下一餐可能就是要在陰間享用了。他勉力挑出三名士兵，命他們帶著軍情返回斯巴達，同時也悄悄希望他們能保住性命。然而，他們對著他們的王口徑一致地回絕了這張黃金門票，第一位士兵回道：「我跟隨軍隊而來是為了作戰，不是為了傳令。」第二位士兵說：「我如果留下來更能派得上用場。」第三位士兵說：「我不要躲在後面，我要上戰場打頭陣。」

他們的話僅止於此，三名斯巴達士兵靜靜地站著。前一天的作戰，他們當中誰沒有受過傷？誰不是筋疲力竭？誰不是想念孩子？思念後方的家園？

早上九點，太陽已經完全升起，折射出熱氣，斯巴達士兵的盔甲裡汗流浹背。他們體內流動著剩餘的腎上腺素和愛國情操。他們將永遠無法再見到斯巴達的土地，或是親愛的家人。

列奧尼達一世下令全軍**向前行進**。他們踏步走出岩石城門的保護範圍，走向開闊的地面，他們要拚全力使出最後一擊，給敵人造成更多傷害。波斯士兵在狂怒中往前進擊，他們的奴隸主在後面鞭打他們。波斯軍人多勢眾，他們可以踐踏著受傷或倒下的戰友不斷推進，後面會有一波又一波的士兵不斷跟上。

斯巴達有條不紊地指揮士兵，一如以往地凶猛，有時甚至假裝讓行伍散開，欺騙波斯軍衝過去，接著很快重組陣勢，毫不留情地屠殺他們。每一次，都會掀起一陣激動的狂吼。在這短暫的片刻，不尋常的英勇在那裡是種普遍的德行。這些人已經超越自我，奮不顧身地戰鬥，表現出超脫凡俗的卓越。但斯巴達人心裡很清楚，這裡已是盡頭。

他們不會再有機會增長年歲，他們將全數倒下，而且這終局將不會來得太晚。列奧尼達一世在最後一天中午被殺，實現了他長久以來相信的預言：斯巴達國王將死去，以免希臘被侵略者摧毀。他的手下衝出去，一次、兩次、三次嘗試取回他的屍首。第四次，他們辦到了，接著他們又趕回戰場上作戰。他們的矛折斷了，沒有援軍到來。現在消息已經傳遍斯巴達陣中，是時候了，他們退回到城門。在這裡，他們只能揮舞手中的劍戰鬥，等到連劍也失去了，他們就利用雙手和牙齒。

最後，他們無一倖免地全數陣亡。戰鬥持續了三天，還要再加上之前波斯軍整裝的四天。斯巴達人為他們的國家買到足足一整個星期的時間，而薛西斯則是折損了數不清的人馬，還耗損了寶貴的時間，更別說，溫泉關一役動搖了他的自信。希臘到底還有多少斯巴達人啊？他詢問一名顧命大臣，斯巴達人都是這樣作戰的嗎？

答覆傳來，曰：斯巴達尚有數千名勇士，無人能與這些人匹敵，他們全都同樣擅長作戰。

希臘非常清楚眼前的情勢，無人能否認斯巴達人做的犧牲所代表的意義，無人能拒絕呼召，不去盡自己的一份力量。

過了好多個世紀，邱吉爾談及英國皇家空軍在英倫空戰（Battle of Britain）期間抵禦德軍空襲的英勇表現時，就說：「從未有過這麼少的人為這麼多的人做出這麼大的貢獻。」他這句話未必完全準確，因為首先就有那三百名斯巴達壯士的犧牲成功抵擋了波斯大軍。若非有溫泉關三百壯士的犧牲，從文藝復興到美國獨立革命等所有西方文明的成就後來也不可能發生，若有人這麼說其實並不為過。

以這三百壯士的犧牲為始，正如在蓋茨堡作戰的將士、抵禦德軍攻擊英國本土的皇家空軍，他們的英勇流傳到更多人身上。他們幾乎變成天神般的存在。

「自由並非憑空得來。」現代的時空下，這句話幾乎要成了令人不喜的陳腔濫調，然而，這句話並沒說錯。溫泉關一役的光榮失敗，換來的是薩拉米斯（Salamis）和普拉提亞（Plataea）的勝利。現代民主基石的英國《大憲章》（*Magna Carta*）、美國獨立宣言、聯合國，這一切皆以斯巴達人的溫泉關一役為根基。每個人都熱愛，但遭到許多人濫用的自由呢？也是在那裡由許多為人父者並肩作戰所贏得的，他們心知他們將無法活著看到他們的努力開花結果，就好像你現在坐在一棵大樹下，而那是許久以前某個關心後世未來的人所種下。

他們並沒有要訴求任何原因，他們就是願意付諸行動，為其一死。正如戰場上的古老銘文所言：「路過的斯巴達諸君，吾等遵從命運女神之令，長眠於此。」這三百壯士的勇氣和無私，成為永垂不朽的典範。這群人無人生還，然而，他們卻比殺了他們的波斯軍隊成為更令人永懷的象徵。

史蒂芬·普瑞斯菲爾德（Steven Pressfield）寫的《烈火之門》（*Gates of Fire*）就是一本描述這場戰役的史詩小說，在今天，已經成為每位軍人和眾多讀者間流傳的書籍，作為對這個典範的致敬。這本書的中心命題是：「**恐懼的相反是什麼？**」僅僅是克服或消除恐懼是不夠的，寫這本書的時候，普瑞斯菲爾德就跟斯巴達人一樣想要明白——超越恐懼以外的是什麼？如果恐懼是一項惡習，那麼相對的美德是什麼？不單單是勇氣而已，因為你可以因為自私的原因而變得勇敢。當然，你必須要忽視恐懼才能從一架飛機跳出去，但如果你只是為了樂趣而這樣做，真的那麼有意義嗎？

溫泉關一役的偉業，不是單靠三百壯士和他們的武器締造的。還要歸功於他們願意讓丈夫上戰場的妻子，這些女性的勇氣和鐵一般的自律，更是成了國家的脊梁。斯巴達女性的強悍和無私可以說是無與倫比。曾有一位斯巴達國王遭到政變殺害，他的母親趕忙衝到他的屍體旁，兇手說要是她保持沉默就可以饒她一命，但這位母親仍舊悍然拒絕。當她伸出脖子，說的最後一句遺言是：「唯願侍奉斯巴達。」

如果我們只是把斯巴達人看成是會作戰的勇敢戰士，那我們就錯了。正如普瑞斯菲爾德在結尾時說，恐懼的相反——也就是與這項惡習相對的德行——並不是無所畏懼。**恐懼的相反是愛**。對兄弟同胞的愛，對思想的愛，對國家的愛，對弱小者的愛，對下一代子孫的愛，對全人類的愛。難道不是因為列奧尼達在離家上戰場前，對妻子說的那番話震動了我們的心底深處？「找個好男人嫁了，為他生孩子，過個好點的生活。」

正是這種刻骨銘心的愛，讓我們能超越保護自己的理性，昇華至真正的偉大，無論那是幫別人擋下子彈，冒著丟掉飯碗的風險站出來捍衛公眾的利益，又或者是大家都不看好的情況下，為了你知道是正確的志業而奮鬥。

南丁格爾在她的國家，溫柔照護受苦的病人。戴高樂費盡千辛萬苦奮鬥，為了保全法國。來到溫泉關赴死的斯巴達人則已經超越了這個層次，他們是真正的無私，將身而為人所擁有的全部付出予他人。確實，並非所有的無私舉動都需要最終極的犧牲，但沒有一樁無私行為是**不需要**犧牲的。他們所做的犧牲是難以置信的，之所以更加令人敬佩，是因為他們不是為了他們自己或他們的同胞。列奧尼達要是想要的話，是可以活下來的。他和斯巴達人原本可以統治整個希臘。然而，他卻選擇赴死一戰，以便讓所有希臘人都得救。也就是說，讓我們都得救。

如果我們說勇氣是罕見的，那麼這種英雄行為更可說是瀕臨絕種的產物。如果勇氣本身是非理性的，那麼我們可以說這種更高形式的愛——真正無私的那種，是瘋狂的。它的崇高令人費解，它是人性真正的偉大，是我們超越了理性、自身利益，以及數百萬年來的生物本能的表現，無論是多麼短暫，都在一個更高的領域裡占據了一方立足之地。

斯巴達人是我們心目中的英雄，他們是這種理念的化身，但我們不該忘記，斯巴達人代表了無數這樣的無名英雄。他們是勇於對抗時代的小人物，是審判中出來作證並面臨報復的人，是登記投票並因此遭毆打的人，是起身對抗強盜資本家而組織工會的人，是帶領救援隊出去救人的先鋒，是受了傷的運動員，即使可能面臨體育生涯的終結，仍舊繼續為了他們的隊伍或為了家人溫飽而比賽。這些都是「靈魂之偉大」展現的無私時刻。

我們全力地奉獻——無論是對某項嘗試、對某個陌生人、對某件應為之事，我們願意做出的付出，就是帶領我們到更高層次的東西。這就是將我們從勇敢的階段轉化為英雄的東西，或許是短暫一瞬，或許只是對某個人，也或許是應該記到史冊上，讓人永恆紀念的事蹟。

目標決定一切

就在Gawker網遭受彼得．提爾在幕後緩慢而無情地施加壓力時，網站的編輯群愈來愈心慌。網站需要更多流量，他們想證明他們的報導即使是越了界，也是出於善意。或許他們意識到風向正在改變，但是，從來不曾被人問責的他們，仍舊相信他們躲在某種言論的隱形斗篷下。

二〇一五年七月，一起事件引爆更大的騷動。Gawker網站發表了一篇報導，踢爆一名育有二子，但其實是男同性戀身分的媒體高階主管遭到男公關勒索要錢。要是在以往，這種惡毒但聳動的報導他們會重複發布好多次，其他同業則不會敢去碰。但現在情況不一樣了，財務方面和公關的現實壓力迫使Gawker網的老闆要抽掉這則報導。他試著對員工解釋他們網站的作為已經偏離大眾能接受的範圍太遠，他也試著解釋他自己身為男同性戀對這些事的接受程度。

結果，網站有兩名編輯因為反對經營階層插手介入他們的報導而提出辭呈以示抗議。他們不想要業界事後在那邊猜疑，也不願意自我言論審查，願意付出丟掉工作的代價來堅持這一點。

我們可以承認，為了原則辭掉工作，為了一則新聞賠上職涯是需要勇氣。但任何有清楚道德觀念的人也都看得出來，為了這種事情全力以赴並不明智，這種事情從一開始就不該付出任何努力。

事實上，真正有勇氣的事，應該是先看著鏡子內的自己，然後仔細思索他們都做了些什麼。但他們辦不到，所以他們下了加倍的賭注在自己的工作上。

正如同克里米亞戰爭中，法國將領看著英軍輕騎兵團不假思索地朝著死亡邁進，不禁脫口而出：「多麼壯觀的景象，這實在太愚蠢了。」整件事情簡直是精神錯亂，應該這麼說。誰還記得克里米亞戰爭所為何來？就連當時也沒人知道。

編輯室的獨立性是很重要，但是要做什麼？為了什麼原因？

Gawker 網的編輯也說不出個所以然。

南北戰爭的南方聯盟裡有不少勇敢的士兵，英軍在印度和非洲打仗時也有，甚或是日本防衛他們占領來的太平洋島嶼時也不乏勇敢的表現。

當我們讀到這些事蹟時會瞠目結舌，憑著直覺，你會知道這種勇氣有些空虛。之所以空虛，是因為他們所爭取的目標是卑劣且錯誤的。

正如英國詩人拜倫（Lord Byron）所說：

目標決定一切，
其墮落與否，決定勇氣是神聖或蒙羞。

勇氣不是一種不受約束的善。英雄之所以被稱為英雄有其原因。若僅是為了自身利益去做，行為的善在哪裡？勇氣若只是為了愛現或是虛榮心，有什麼好稱道？又或者是為了絕對的服從去做？為了錯誤的事所展現的勇氣，算什麼呢？

約翰・甘迺迪寫的書《正直與勇敢》（*Profiles in Courage*）裡面，記錄了美國史上八位參議員的事蹟。其中有一章收錄了艾德蒙・羅斯（Edmund G. Ross）牴觸他所屬政黨的立場，投票反對安德魯・詹森（Andrew Johnson）的彈劾案。*此一章節應該是全書裡最沒有理由流傳的事蹟。獨排眾議永遠都是難事，但在這起事件裡，羅斯與其他

*譯註：安德魯・詹森是林肯的副總統，隸屬民主黨，他是因林肯遭到暗殺而繼任總統。詹森的彈劾案最後因一票之差未達三分之二的解職門檻。

人逆風，卻是為了擁護白人至上主義。更糟的是，由於那是美國參議院首次決議彈劾現任總統，羅斯同時還反對這項對當時來說屬於有爭議性的變革，致使創下先例，將不適任總統趕下台自此變得無比困難。

公司執行長不顧一切反對，義無反顧地推動剝削性的有害業務。反對疫苗派不顧責難和感染的風險，實際上是與大眾作對。獨裁者發動震驚眾人的政變，奪取權力。水牛城一名警官因推倒長者而受罰，警察群起辭職聲援。越南美萊村（My Lai）屠殺事件後，遭到收押的士兵拒絕作證控訴威廉・凱利（William Calley）中尉。

說是勇氣，卻是**空洞**的勇氣。

正如美國海軍官校的一位教官所解釋的：如果你要撲向一枚爆炸的手榴彈，你必須是為了做成某件事、拯救某個人，這麼做才有意義。血氣之勇和英勇義行之間的差別，是在於為了「誰」？這真的是一件無私之舉嗎？這是為了更大的善嗎？英雄行為的背後是有邏輯的，就連不顧自身安全這樣看似不合邏輯的行為也是。

西塞羅寫道：「斯多葛學者正確地將勇氣定義為維護正義志業的美德……沒有人能因為背信忘義或從事狡猾之事而獲得勇氣的美譽，從而獲得真正的榮耀。」

能夠勇敢很好，世人是真的想知道你是否有骨氣。

但表現勇氣的原因、地點、時刻都很重要。
目標會決定一切。

手無寸鐵的戰鬥需要更多勇氣

林肯打贏了南北戰爭，但世人沒有給他足夠評價的地方，是他從一開始就努力避免一戰。＊

儘管他在民主選舉中公平取得了勝利，並多次保證他無意超越憲法賦予的權力，南方州仍舊在他宣誓就職前宣布脫離聯邦。

即便如此，他首次就職演說的結尾說的是什麼？他呼籲每一個人訴諸於天性中的美善，「我們不是敵人，是朋友，」他熱切疾呼，「我們不能成為敵人。我們彼此間感情的紐帶，或許會因情緒激動而緥緊，但絕不可折斷。」

當南軍開始圍攻聯邦的堡壘和圍柵時，林肯繼續保持這個分寸，他不輕易發怒，也不被激怒。就連在南卡羅來納州桑特堡（Fort Sumter）決勝戰當中，林肯也只是選擇向被困在當地的人馬運送急需的食品和物資，而不是槍械或部隊，因為他不希望不必要地升高已經非常緊張的局勢。

不需要發生的對峙，就不該讓它發生。折磨、不適、擔憂，這些事情需要勇氣才能忍受。但基於智慧和憐憫之心，我們有責任不只是避免這些不必要的痛苦，更要試著保護其他人不受到這些痛苦。這就是為什麼英雄發現他們不幸陷入衝突時，不只是會奮力抵抗，他們還會同樣奮力地阻止衝突的發生。

甘地曾說過他寧願選擇暴力，也不願選擇怯懦。他與其他非暴力主義人士所選擇的做法，甚至更配得上高尚和英勇的形容詞。手無寸鐵的戰鬥需要更多勇氣，必須拿出自己的靈魂和精神來對抗全副武裝、張牙舞爪的敵人。想像一下，巴基斯坦少女馬拉拉．優薩福扎伊（Malala Yousafzai）只是想要上學，就被塔利班當成暗殺的對象，她需要多大的勇氣。「即使我手中有一把槍，塔利班就站在我面前，」馬拉拉說，「我也不會開槍。」

這難道不比最強悍的戰士更強悍嗎？

問題是，通常這類英雄義行根本比不上輕騎兵衝鋒的場面那般懾人心神。人們都喜歡閱讀關於戰爭的書……對避免戰爭發生的外交努力卻興趣缺缺。人們都喜歡聽吹

---

*同時值得一提的是英國的亞伯特親王（Prince Albert of England），甚至到了他人生最後時日都還在盡力阻止英國干預美國的內戰（要是英國加入，很容易就會變成一場世界大戰）。

哨者的故事……卻沒興趣知道領導階層其實能有效從內部改革公司，讓這種事根本不需要發生。電影喜歡拍攝反傳統、反舊習的奇人異事……但，對於那些能夠帶領改變發生，而同時又能融入社會，正常處世待人的人呢？

記住一件事：不會有人因為沒發生的事情獲得讚揚。讓我們回想小羅斯福總統，他是如何對付大蕭條。他真正的成就是做出改革，避免未來再次發生經濟蕭條，抓出金融騙子和操縱金融市場的巨鱷，這些改革甚且到今天還在靜靜地在幕後發生作用。

一個國家應要同時擁有勇敢的軍人（身體之勇）和智慧的政治家（道德之勇）。一方負責上戰場作戰，另一方負責對外培養關係，建立良好政策，以減少前者派上用場的必要。我們需要軍事將領，也需要本著良心拒服兵役者，因為這兩者都是各自的場域上的英勇戰士，為重要的志業而奮鬥。

前文提過，半吊子不是什麼勇氣，喜愛炫耀男子氣概，通常只是受虐狂。講到打架就渾身血氣方剛，這並不是勇氣；玩俄羅斯輪盤也沒什麼令人敬佩的。為了不道德的目標贏得戰役——無論是實體之戰或口舌之戰，都毫無光榮可言。沒什麼比不必要的衝突更加不道德了。

你是不是對的一方並不是最重要的事，丟了面子也沒關係。有任何人需要為此而死嗎？有任何人需要為此毀了名聲嗎？日後，能不能透過更好的決定來解決事情？如果有人願意幫對方留面子呢？要是你就是那個人呢？

這些都是英雄會問的問題，如果能夠避免，就該避免。俗話說，謹慎是更高一級的英勇。

原因是因為謹慎需要勇氣才能做到，一個人必須願意顯得愚笨，願意被人批評，接受打擊，去做他們認為是應為之事。這並不是每個人都做得到。美國女權運動家也是婦女參政權支持者的漢娜．莊思頓．貝莉（Hannah Johnston Bailey）就曾經這麼解釋道：「一個男人要是沒有道德勇氣呼籲和平，是因為他擔心被人說他像個娘們或懦夫。」美國的詹森（Lyndon Johnson）總統在越戰議題上就是中了這個罩門，他知道打越戰是個失敗的提議，但他不想看起來軟弱。

漢娜．莊思頓．貝莉認為女性擁有獨特的天分能夠避免這種情況。但為什麼呢？或許是女性比較懂得同理。女性不會擔心別人眼中她們看起來怎麼樣，反而能去做更有英雄氣息、更無私的事，她們想的是對其他人會造成什麼樣的後果。

如果你的出發點是恐懼或自私，你就會錯失這一點，發現自己陷入了情境升級的陷阱。結果沒人贏得戰爭，不管是隱喻上還是實際上。孫子說最好要能「不戰而屈人之兵」，你採取行動的方式，最好是讓敵人在戰事甚至還沒開始前就已經敗亡。

就是這樣。

順帶一提，林肯就是採取這樣的方式且奏效了。即使他做了不少可稱為英勇的努力，他還是沒辦法阻止那些寧願「發動戰爭而不是維護國家存續」的人。透過他的克制，他確實成功操縱南方，使其成為南北戰爭中主動發起攻擊但無法取勝的一方。南方領袖則是在這場他們宣稱自己才是受害者的戰爭中，急急忙忙地自行開了第一槍，這成了他們永無法克服的道德矛盾。

更重要的是，他們並沒有意識到他們已經澈底敗下陣來。他們缺乏資源、戰略願景，他們也缺乏盟友和國際友人的支持，這些才是要能打敗北方的必要條件。他們更是完全不懂這場叛亂造成了多大的毀滅，帶來多少的代價。南方在戰爭一開始就抓住了主動權，而同時間林肯則是冷靜地收集那些將助其取得勝利的關鍵要素。

是的，我們必須要能願意談判，要能願意妥協。但，要逃走？不，我們要避免瑣碎的小打小鬧，才能為真正重要的大戰做好準備。當南方最終發動了戰爭，林肯盡全力奮勇作戰，就像好幾個世代以後的邱吉爾和戴高樂。他所盡的力量，就跟我們必須做到的一樣。

你要如何化不可能為可能？什麼時候要冷靜態勢？什麼時候要往前衝鋒？

無論是在實體或道德的戰場上，我們都應聽從莎士比亞的一句忠告，也就是《哈姆雷特》（*Hamlet*）裡一段有名的演說「忠於自我」：

留心

勿輕易起爭端，但一吵起來，

就要讓對方知道你並非能隨意輕侮。

你必須歷經千山萬水

塞內卡遭到流放，愛比克泰德也是。二十世紀的德裔美籍政治哲學家漢娜・鄂蘭（Hannah Arendt）被蓋世太保拘捕，入獄八天，然後流亡了七年。伽利略餘生遭到軟禁，就因為他宣稱地球是繞著太陽轉，且拒絕收回這項主張，甚至如果他真的收回，也沒有人會責怪他。

艾蓮娜・羅斯福小的時候就被父母送走，婚後幾十年來一直生活在丈夫的陰影下。小說家赫曼・梅爾維爾（Herman Melville）遭到審稿人的嚴厲批評。史蒂夫・賈伯斯曾經被蘋果公司解雇。達爾文（Charles Darwin）發表進化論之前，過了二十三年有如煉獄般的生活。

你不會真的認為你所做的一切一定受人愛戴和讚賞，對吧？

如果我們懂得珍惜我們的英雄，為他們的創意天才鋪好紅地毯，那就太好了。相反的，我們卻是讓他們受盡批評，受盡折磨，還把他們驅走。

邱吉爾不只年輕時曾淪為戰俘，在他政治生涯的頂峰時期，還曾經被趕下台。他何罪之有？在某種程度上，他對德國的看法是正確的。沒人想要另一場戰爭，沒人希望他對希特勒可能帶來危害的看法是正確的。以至於人們覺得把他趕走比證明他錯了更容易。

邱吉爾在倫敦郊外的莊園裡度過委靡不振的十年，或至少他的敵人是這麼認為的。事實上，他把時間花在閱讀、寫作、休養生息上，他建立珍貴的人脈，等待江山再起的時機。

「每位先知必定來自文明，」邱吉爾解釋道，「但每位先知都必須走入曠野，必須要對複雜的社會有深刻的了解……必須經歷與眾人隔絕和沉思的過程，才能得到心靈的炸藥。」*心靈炸藥，正是史蒂夫．賈伯斯、艾蓮娜．羅斯福所擁有的，也是賽皮科和南丁格爾逐步發展出的。如果他們走的道路不是那麼艱難，他們不會擁有這些。

你願意被誤解多久？你能獨自堅持多久？你可願意成為公司有史以來唯一一位勇往直前的人？成為所屬政黨內唯一一位敢於發聲批評的人？為了忠於己身信念，你甘願忍受什麼？做哪些應為之事？

---

*譯註：心靈炸藥（psychic dynamite）一語出自邱吉爾，意指心中所萌發的意念和想法可以產生爆炸性的威力。

邱吉爾大可以出於自私的理由辭職，就像你隨時都可以從公司走人那樣。一九二九年的時候邱吉爾都已經五十四歲了，早是可以退休的年紀。他也可以「故意」引退，安享天年。

但他並沒有這樣做。

當英格蘭終於召喚他，他不只是準備好要回應，也準備好要面對他被呼召來要解決的危機。邱吉爾還將成為英國（和世界）所需的，爆發力十足的炸藥。

你想要單槍匹馬站出去嗎？為了自己相信的事物奮鬥？情願為自己的信仰受苦？這些，既是對勇氣的熬煉……也是勇氣湧現的來源。很少有領導者能完全與時代同步，這是因為他們通常是領先了時代。這表示當他們環顧四周，會發現自己是孤獨的，這也表示初期他們身邊只會有寥寥無幾的群眾、支持者。

領先時代之士不能夠因此就擔心會被社會大眾摒棄，或者希望能融入群眾，而限縮他們的信念。

沒有人願意被驅趕，但這很可能正是必經的試煉（這就是為什麼我們不能容許對這種下場的恐懼阻止我們做日常應為之事）。如果一個人能獨立自主、有遠見、有原則，他最終會不可避免地發現自己遭到眾人疏遠。與同儕漸行漸遠，與時代格格不入，可能會被炒魷魚，可能沒法再與同事好好相處，或遭到唾棄。又或者，最好的情況可能是，成為人家遷就但忽視的對象。

你可以因為這種事屈服，也可以從中獲得淬鍊——將你塑造成命運召喚下的天選之士。更因為，你心知你所從事的志業是重要的，比你自己還重要得多。

戴高樂對那些應該要「跨越曠野」的政治人物演講時，帶有特別的親和力。他本人不僅是在二戰期間在英國度過了宛如曠野般的經歷，甚至連戰後也是。從一九四六到一九五八這長達十二年的期間，他不再握有權力，而法國則是陷入動盪，幾乎毀滅。為了再次恢復法國的偉大，戴高樂被召喚到曠野，忍受孤獨、失去權力的年月。即使法國人拒絕了他，戴高樂也從未放棄拯救這個國家的希望。這種拒絕、這種失敗，再一次為他調製出他的心靈炸藥。

請記住，重山之間坐落著深谷。或許你從之前的頂峰跌落下來，或許你被人丟落下來，也或許你就是迷了路。但現在你發現自己在這裡，落到了低谷。那又怎樣？

不管那是荒漠曠野或遺世山谷，無論如何，你都需要跨越它。你需要耐心和耐力，以及最重要的：**愛**。不要讓這段時期將你變成怨懟之士，而是要在這段時期讓自己蛻變得更好。

因為人們仰賴著你。

不要放棄希望，不要放棄人們，人們不知道自己在做什麼，然而，你知道。這片曠野、這片荒漠擺在你面前需要你來跨越。這是旅程的其中一段路途。

要奮鬥，因而當你抵達終點時，這會是場輝煌且英勇的旅程。

愛的無私

一九六九年夏，海軍上校詹姆士．史托克戴爾（James Stockdale）年四十六歲，他所遭受的殘酷毆打和虐待非常折人心志。他痛苦不已，心裡非常害怕。

越共希望他能刮個鬍子，以便在鏡頭前看起來上相些。他們希望這位上校好好坐在攝影機前，說他平安無事。

詹姆士．史托克戴爾不這麼做，反倒是用他拿到的剃刀在額頭上割了一道三英寸長的傷口。他意識到這樣做還不夠，便抓起一張木凳，反覆朝自己的臉上猛打，直到他視線模糊為止。

就這樣，他開啟了他在「河內希爾頓」監獄的反抗計畫。

他不是戰俘，而是「戰時」的被囚者。他為了兄弟奮鬥，比自己的國家更甚。

那年秋天，隨著戰友遭受的酷刑不斷升級，史托克戴爾決定要阻止這一切。他想用一人來換全體的弟兄，他要犧牲自己的性命。

史托克戴爾被綑綁在椅子上，他搖搖晃晃地走到監獄裡唯一的玻璃窗前，將之打破。然後拿起一大塊玻璃碎片，割開自己的手腕。「北越最不希望的就是我死，」他後來寫道，「當我甦醒過來，房間裡站著一群表情嚴肅的北越高級軍官。那個晚上，河內監獄裡每個人遭受的酷刑都停止了。」

這起事件發生時，史托克戴爾已經有兩次把自己逼到危險邊緣，都不是為了他的利益。他並不曉得他是否能從自殘的舉動中活下來。家鄉還有妻小，他還有自己的希望和夢想，然而，有太多東西可以失去的他，卻願意用這些來換取他人可能可以減輕痛苦的希望？

獄卒無法明瞭這一點，他們以為可以在囚犯間挑起對立。他們以為囚犯會因為太過於痛苦和恐懼，以至於不會在乎別人的遭遇。其實，問題還是那個老問題：別人如此，**但至於我呢**？

如史托克戴爾所說，獄卒驚訝地發現，這些囚犯真誠地相信著一個如聖經般古老的信念。史托克戴爾說：「這個信念就是你要關心彼此，就像照顧自己的兄弟一樣。那是『這對我有什麼好處？』的反面。」

愛你的鄰人是一回事，但像是自己的兄弟一樣？要為他們犧牲？聖經有段經文說：「人為朋友捨命，人的愛心沒有比這個大的。」*

然而，我們卻不敢為別人的利益發聲，因為我們付出了重大的努力才取得今天的成就。

英雄不是單單一個人勇敢面對大自然，不是你與世界為敵，不是你對這個世界感到憤怒。而是關於你願意為世界做些什麼。

讓我們來看看釋廣德（Thích Quảng Đức）法師的事蹟，他和史托克戴爾一樣置身於悲劇性的衝突事件中。出於對南越政府迫害佛教徒的深刻悲痛和憤怒，他決定要以一種令人難以置信的行動做出反抗：**引火自焚**。凡是看過當時照片，釋廣德法師全身被烈焰吞噬卻仍堅持靜止的坐姿，無人不為之動容。

「勇氣」（courage）的英文字根，意思是「心」（heart），幾乎在這裡得到了完美的詮釋。在他超人的抵抗行動下，釋廣德的心臟不僅保持完好無損，隨後的火葬過程中也沒有將之燒毀。今天，他的心臟現在被尊為聖物展示，成為反抗的象徵。

是什麼會讓一個人做出這樣的事？

---

*耶穌基督的十二位使徒親眼看見，耶穌忍受巨大的痛苦，仍舊為了實現他自己的預言自願被釘上十字架，為眾人捨了生命。後來十二位使徒紛紛效法耶穌，他們當中據信只有一或兩位是自然死亡。

這並不是為了反抗本身。是愛，愛才是理由。為無罪者的愛，對後世未來的愛——儘管犧牲者將無緣得見，但愛能讓我們做出英雄的舉動。

史托克戴爾和其他戰俘會用英文字母「U」和「S」互相打信號，這是什麼意思？難道是指美國（United States）？不，是「團結勝過自我」（Unity over Self）。當他們感到孤獨的時候，當有人被拖去遭受酷刑折磨的時候，當他們回到牢房為方才遭受酷刑當下可能說了什麼話而自責時，他們會對彼此說出這個暗號加油打氣。

你是哪一個整體的一分子？

是什麼樣的愛在驅動著你？

是國家？是志業？是志同道合的夥伴？

這就是以自我為中心的對立面，這就是我們能超越自我極限的方式。

成就他人

有這麼一位馬丁．路德．金恩，多數人都聽過他的大名。但，很少有人聽說過勞夫．亞伯納西（Ralph Abernathy），他應金恩的要求放棄牧師生涯，轉而擔任其副手。至於也很少有人聽過的史丹利．萊文森（Stanley Levison），此人是金恩許多活動的金主，曾為金恩撰寫演講稿。而當他被美國聯邦調查局（FBI）捏造成是某種共產主義間諜時，他悄悄地、無私地切斷與金恩之間的聯繫，以免對民權運動造成傷害。他與金恩共組了一個協會，但當他聽說該會會長要利用組織來要脅金恩時，便毅然決然地說：「我不會讓馬丁做出那樣的選擇。」

這是一個極其痛苦的打擊，但他一句話都沒問便放逐了自己，沒有一句抱怨，甚至不願讓他的朋友為此痛苦。

運動世界裡有兩種類型的運動員，一種是世代相傳的天才，天生就擁有卓越基因和體能條件，輕易就能達到出色的表現，令世人驚嘆不已。另一種類型則是天賦略遜一籌的運動員，或許他們的比賽觀賞起來沒那麼激動人心，但如果沒有他們，比賽就不可能進行下去。

這類型的選手在隊中扮演某種角色，他們是隊友、是領導者，是將所有人黏著在一起，賦予隊伍獲勝所需要的「心」。美國傳奇籃球教練約翰．伍登（John Wooden）曾說過，重點並不是你長得有多高，而是你打球的高度。更令人佩服的人，是幫助整個團隊推向更高峰的運動員。講到美國職籃的芝加哥公牛隊，人們會想到麥可．喬丹（Michael Jordan）。但卻不記得比爾．卡特萊特（Bill Cartwright），他是公牛隊隊長，而在實質上和意義上都是公牛隊首次達成總冠軍三連霸的核心人物。

亞伯納西和萊文森所做的就是合力把金恩推向更高處，他們的付出使黑人民權運動更強大。

相同的評語，可以用在你和你周圍的人身上嗎？

別讓你的弟兄失望，這可是軍人之勇的基本，但英雄的意義遠不止於此。偉大的精髓不僅僅在於天賦或技能。正如美國職棒大聯盟首位黑人球員傑基．羅賓森（Jackie Robinson）所說，生命要能有意義，就必須要對其他生命發揮作用才行。讓球隊變得更好的運動員？一位即使在**場外**也能讓球隊變得更好的運動員？能夠使團隊成員身上激發出更多潛力的領導者？能啟發觀眾的藝術家？能保持冷靜，將這股精神感染給同袍的士兵？

正是如此。

朗費羅在一首詩中歌頌了南丁格爾真正堪稱為英雄的表現。不只是她的勇敢，不只是她毫無怨言地忍受匱乏，而是她為人們所做的：

> 榮耀歸於那些話語與事工
> 幫助我們每天所需
> 藉著他們滿溢的奉獻
> 將我們從低谷救拔出來

南丁格爾**拓展了人們的境界**，幫助他們變得更好。

站立於溫泉關，斯巴達人憑著團結和無私之心，灑下熱血凝聚希臘各城邦，把希臘變得偉大。就連戴高樂批評者也得承認，戴高樂就是憑著意志力，促使法國在最低潮的時候能昂首挺胸。

前文提過冷靜是具有感染力的。說真的，我們現在所享用的正是前人結出的果實，以南丁格爾來說她留下的遺產是憐憫，以亞伯納西來說是勇氣，以萊文森來說是商人的敏銳度，而後世的我們要將這些傳揚開來嘉惠有需要的人。

我們可以透過建立模範來達成。可以對人說鼓舞人心的話語，就像邱吉爾那樣。可以扮演導師的角色，跟想要放棄的人深談，勸他們改變心意。可以為他人燃起希望，鎮定心情，減輕身上的重擔，幫助他們挺起脊梁。你可以決定去做那些別人不願意從事的不快或困難之事，原因正是：你的夥伴需要。你可以成為敢言之士，對當權者、對世界、對朋友說出必須說出的真相。

記住，涓滴水流可以匯聚成大洪水。一次舉動，就是東山再起的開端。一人一言，可止住撤退的大軍，也可開啟退卻之勢；可以平息暴民，也可煽動群眾。

任何人都可以成為先行之士，何不付出那樣的努力，發揮那樣的作用，成為那樣的一顆小水滴。

筆者在這裡點出「鼓勵」（encouragement），這個詞裡面包含著「勇氣」（courage），會否過於直白？

朗費羅談到在時間的沙灘上留下足跡。這有什麼意義？意義在於留下的痕跡：

足跡，或許是某個人航行在人生的莊嚴大道時所留下，
當一位遭遇災難、內心絕望的弟兄看到將能再次鼓舞振作。

這是英雄當為之事，英雄能對他人產生影響、造成改變，從今時到永遠。

英雄能否因此得到獎賞，並非他們所關心。成功也不是驅動力。「幸福是幫助別人變得更好，」塞內卡寫道，「不只是當那人與眾人相伴之時，甚至是他留存在眾人的思念中。」即使這樣做會使我們失去性命，即使會因此被炒魷魚或被殺害，或遭遇更糟的事而無法享受犧牲的果實，這仍舊是值得的。關於我們的回憶仍留存於親眼目睹之人的腦海中。

無論如何，這就是我們之所以站在此處的原因。我們的職責不僅是**成為**最好的自己，更是幫助他人實現最好的自己。即使，某些時候這樣做會讓我們自己付出代價。

沒有時間猶豫

當義大利的維蘇威火山（Mount Vesuvius）爆發時，那些逃得了的人都逃走了。遠處的人只能看到滾滾濃煙和灰燼。

老普林尼是一名海軍上將兼業餘科學家，當他看到這個景象便立刻起了警覺。正當他打算前往調查時，一名信差捎來緊急消息，原來他有位朋友被困在山腳下。普林尼集結艦隊，毫無畏懼地趕赴現場，要用船隻營救所有他能救的人。

抵達的時候，他發現海岸線全是碎石，無法靠岸，有名舵手建議返回。

前面講到的一句話：「幸運之神眷顧勇者」，這句話的典故是出自哪裡？正是出自普林尼。他拒絕掉頭，而是發出命令：「幸運之神眷顧勇者，我們要出發尋找龐波尼亞紐斯（Pomponianus）。」他決定要去營救他的朋友。

僅僅幾秒鐘，毫無猶豫，因為他視他對其他人負有的責任凌駕於己身的安全。

這段事蹟被他的姪子書寫下來：「他本著探究精神開始的事，最後以英雄的身分完成了。」遺憾的是，老普林尼不幸身亡。幸運之神或許會眷顧勇者，但並不能保證任何事。唯一可以肯定的是，如果我們在危急時刻猶豫不決，我們將一事無成，也拯救不了任何人。

二〇〇八年的時候，美軍下士強納森．耶爾（Jonathan Yale）和喬丹．赫爾特（Jordan Haerter）在伊拉克拉馬迪（Ramadi）的一個崗哨執勤，有輛卡車炸彈朝著這個他們所保衛的小型基地疾駛而來。逃生口就在幾英尺外，當地警察看到卡車直衝過來，毫不猶豫便衝向出口。這兩名沒多久前才初相遇的海軍陸戰隊員，卻動作一致地迎上前，舉起武器朝卡車開火。就在他們射擊這輛不斷加速前進的卡車時，兩千磅的炸藥瞬間引爆。

距離卡車駛入小巷到引爆奪去人命，只不過六秒鐘的時間。爆炸後留下的坑洞約有六十多英尺寬、五英尺深，訴說著這兩名分別只有二十歲和二十二歲年輕人的生命最終章。親自飛抵現場採訪目擊者的約翰．凱利（John Kelly）將軍，毫無猶疑與保留地寫下了兩位英雄犧牲小我的動人事蹟。「他們本可以逃跑並有可能活下來，但他們沒有，」凱利將軍說道，「就算他們這樣做，我認為也沒有人會稱他們為懦夫。他們嚴肅看待他們身為海軍陸戰隊員在崗位上的職責和責任，堅守陣地，不讓任何人事物通過。奉獻精神使他們失去了生命，但要不是他們做了這樣的事，結果會是五十個家庭心碎……而不是兩個。這些眷屬永遠不知道，他們那天晚上險些就要接到壞消息。」

只是幾秒鐘的勇氣——我們前面提到過，僅此而已，而那幾秒鐘很有可能是你當下僅能把握的一切。

是的，我會捐出這筆錢，有人需要它，儘管對我來說很吃力。是的，我會承擔責任，總有人必須承擔責任，儘管我可能會因此入獄。是的，我要辭去工作，這樣我就能照顧生病的母親，儘管我不知道這有多久，或者接下來會有多麼困難的事等著我。

如果有更多時間，你就會想太多。你會想出一個理由，想要保全自我的本能就會啟動。你會害怕，會僵在原地。

而這樣的話，你的朋友會落到什麼境地？你的戰友呢？你的志業呢？

不，你必須上。你必須按下送出鍵，必須把受困的孩子推開，必須邁步挺身而出，你必須大聲說出來，連清喉嚨的時間都沒有。沒時間可蹉跎，沒時間考慮所有情境，沒時間尋求建議。因為人們指望你，因為這就是你接受訓練的目的，因為根據當下的情勢和你的理想，你不能拒絕。

相信直覺，履行職責。

也許會成功，也許不會。

英雄不去考慮這些。

正如凱利將軍講述那兩位海軍陸戰隊員的事蹟那樣，卡車從小巷衝撞過來僅只有六秒鐘的時間。一秒鐘看清情勢，兩秒鐘舉起武器並開火，還有關鍵的兩秒鐘，讓子彈發射出去並阻止了卡車。接著，他們的生命只剩下轉瞬即逝的一秒，甚至比你閱讀這句話所花的時間還短。

六秒鐘。

「沒有時間去想到他們的家人、他們的國家、他們的國旗，或甚至他們的生死，」凱利將軍後來這麼說道，「但有非常足夠的時間，讓兩位英勇的年輕人完成他們的職責……成為永恆。今晚，世界各地都有這樣的弟兄忠誠地站崗，為我們的安全守望。」

別讓他們失望。

創造自己的運氣

社會學家和歷史學家曾提出「道德運氣」（moral luck）一詞。*

並不是每個人都會發現自己有辦法揭露被政府藏匿起來，會改變世界的重大祕密。並不是有人掉進水裡且不會游泳時，都一定有人在場。並不是每個人受到感召想要當護士，都會發現護理場域如此原始，就算一丁點的知識都能造成革命性的改變。

並不是每個人在斯巴達國王列奧尼達一世在挑選三百壯士的時候，都能「幸運」達到參軍年齡，或者都剛好是一名編劇，可以出庭作證踢爆你在好萊塢的同僚的所作所為，又或者在婦女參政運動的時候剛好是一名女權支持者。如果這就是你想要的運氣⋯⋯

邱吉爾描寫到英國政治家洛斯伯里伯爵（Earl of Rosebery）時，帶著些許的遺憾指出，此人是活在「一個偉人和眾多微末事件的時代」。維多利亞時代確實有種無聊的寧靜（伯爵的生卒年是一八四七年至一九二九年），**但很明顯的，這種說法也是種懶惰的合理化。

十九世紀中葉發生幾起重大事件，世間存在著巨大的不公義，亟需撥亂反正。試問，那些「偉人」在哪裡？

美國直到一八六五年才廢除奴隸制，巴西是到一八八八年。洛斯伯里伯爵的一生中，英國工廠的工作條件之惡劣，令人髮指。英國的殖民制度及其所有暴行安然如常，幾乎沒有遭遇任何反對。愛爾蘭問題籠罩著英國政壇，而多數領袖認為無望解決。各國動不動就因為細枝末節的小事大動干戈，絲毫不去顧慮受影響的人民。有數百萬人挨餓，有數百萬人遭受虐待。有無數的事物無人發明、無人改革、無人擁護。

在那些年頭，是有很多事可以做的，即使是在風起雲湧的邱吉爾時代也是如此。一九四三年孟加拉發生饑荒，為何他不站出來？甘地發出道德呼籲，為什麼他對其有如此深的誤解？即使邱吉爾是英國的大功臣，也無法逃脫未能圓滿處理上述任一事件的指責，直到如今仍然如此。無論你是誰，無論你居住何處，無論有什麼事由，都有

＊譯註：「道德運氣」(moral luck）指的是：同一件行為受到不可控制因素影響而有不同結果，卻導致不同的評價。例如有兩人都跳下水嘗試救援溺水者，結果一人救援成功受到讚揚，另一人救援失敗卻沒有受到應有的稱許，相同行為卻似乎因為結果不同而有不同評價，就是所謂的道德運氣。

＊＊譯註：維多利亞時代約為十九世紀至二十世紀初。

更多你可以做的事情。

英雄為所應為，並非為了他們自己或任何人。也就是說，英雄的運氣是自己創造，事件並非僅是發生在他們身上。莎士比亞說過，我們會遇見時間，因為它在尋找我們。*但，我們也必須自行尋找必要的時間和時刻。

我們不能只是等待，處於被動，我們必須主動伸出援手。

奧理略曾寫道：「真正的好運是人為自己的創造的。所謂的好運是：良好的品格、良好的意圖和良好的行動。」

我們的雙手從來就沒有我們想像中的那樣受拘束。英雄總是能做點什麼，總是能幫助到一些人。

這是說，當然啦，我們可能不會陷入像戴高樂、蘇菲亞．法洛爾或弗雷德里克．道格拉斯那般的處境。我們遇到的「時刻」可能不會那麼關鍵，利害也不一定那麼重大。這或許是件好事，但並不是說我們就能得到豁免。

我們必須自己創造運氣，無論大小。這並不是說，我們沒有像南丁格爾那樣聽到召喚的聲音，就表示我們不會被呼召去參與某些事情，無論其規模僅僅是地方性的或遍及全球。

是要詛咒黑暗，或是點燃蠟燭？是要哀嘆平靜的海洋，或是建造引擎？

我們須將目標變成現實，選擇成為英雄。

要是我們不這樣做，責任就在我們身上。

＊譯註：出自《辛白林》（*Cymbeline*）。

以無畏之心啟發他人

對於一個以賭徒性格聞名的人來說，這也許是他最大的一次賭注。一九四五年八月三十日，麥克阿瑟將軍的飛機在日本降落。這是他大膽對北韓出擊的十年之前，情況也同樣嚴峻。同盟國和軸心國之間的大戰才剛結束。在這為時六年的世界大戰中，敵方從未踏上日本的土地。

每一份情報都警示危機四伏，每一名顧問都建議他先等待。

然而麥克阿瑟卻走進敵國領土的心臟地帶，沒有攜帶任何武器。在他要離開總部飛往東京之前，看到手下正在將手槍收進槍套，他下了一道命令，「把這東西拿掉，」他說，「如果他們真的想殺了我們，攜帶隨身武器也不會有任何用處。我們想讓他們震驚，沒什麼比表現得全然無懼更有用了。如果他們還不相信已被打敗，這樣做，他們就會明瞭。」

如果有人好奇，為什麼日本能夠從一個窮兵黷武，愛好自殺式攻擊的國家轉變成一個和平、開放，堅定支持那個曾折斷其羽翼的國家的盟友，這一天提供了答案。麥克阿瑟將軍登陸日本後，從未流露出一絲恐懼或懷疑。他做的每一個小動作都經過深思熟慮：他吃東西前從不檢查食物是否有毒，他也解除了戒嚴。他帶著和平，帶著全然的自信而來。

這跟面對戰爭下的炮火不太一樣，然而這可能需要更多的自律和承諾。邱吉爾將之稱為第二次世界大戰中最勇敢的行為。麥克阿瑟從來未曾考慮他的個人安全，心裡只想著和平與重建的基礎工作。

這麼做，拯救了多少人的生命？嚇阻了多少游擊隊員？阻止了多少反抗行動？太平洋上的每一座島嶼都經歷了死傷慘重的苦戰，但東京卻沒有吃過任何一發子彈。麥克阿瑟的到來，告訴日本人一切都結束了，而對方相信他。要是美軍總司令是個膽小鬼，將不可能完成這項重責大任，即使是個氣憤或心懷復仇怨念的人也不行。

當美軍飛機在跑道上方繞圈，當他第一次把頭探出飛機向外看，當他在飯店裡吃下第一口晚餐，工作人員在幾天前都是有可能會殺了他的人時，必定有某個時刻是麥克阿瑟感到害怕的吧？是他可能希望自己能身在總部的？肯定的，但是為了美軍弟兄，為了他的國家，為了世界和平，他必須把這些念頭拋諸腦後。他必須表現出全然的無所畏懼。他必須沉著冷靜，義無反顧。

所有偉大的領袖都明白這一點。戴高樂也實行了他所謂的「bain de foule」，也就是走進欣喜若狂的法國群眾，沐浴在眾人的歡欣和愛戴之中。正如麥克阿瑟的幕僚曾告誡他不要公開做這些舉動，戴高樂的部屬也極其擔心領袖的安危，但戴高樂心裡明白，恰恰是因為風險太大，所以才必須這麼做。

即使法國在解放後仍有激烈的交火和狙擊手潛伏，但是戴高樂決定走入人群，加入香榭麗舍大道大遊行的舉動，幫助法國真正獲得了精神上的解放。以他的生命可能遭狙擊為代價，這個舉動為他與法國人民建立了餘下政治生涯中至為依賴的關係。這個舉動給了法國人民勇氣，直到今天仍繼續維繫著整個法國。

領袖不能把自己關在象牙塔裡，或待在某個固若金湯的城牆後面。他們不能保護自己免於每一種危險和風險，卻讓他們的追隨者，或員工，或士兵擠在前頭，承受這個世界要帶來的衝擊。

不，為人領袖者必須親身歷險。無論是在公司掉進低谷或順風順水時投入自己的資金，隨時敞開辦公室的大門，或是大方分享其他人會選擇隱藏的敏感資訊，採取這樣的姿態而建立起的連結，將能帶來遠超過任何風險規避所能保證的安全。老闆走到麥克風前，回答群眾提出的每一個充滿敵意的問題，甚至不去避諱那些關於自己犯下錯誤的尷尬問題，甚至概括承受那些無須歸因於他們的指責。做人主子的，不能顧著後方，他們必須帶兵衝向戰鬥。父母不僅告訴孩子要面對恐懼，還要以身作則，告訴孩子那是什麼意思。

你必須照顧你關心的人，把他們放在第一位，用行動**展現**給他們看，號召他們去追求更高的目標。

馬丁·路德·金恩正是在入獄的那一刻，追隨者才發現他不僅僅是一名傳教士。他和眾人站在一起，為了大家甘冒性命危險，他就是群眾的一分子。

我們不能害怕，否則就無法做到該做的事。此外，透過這種無畏的精神，表現出我們願意代表所加入的志業，以血肉對抗一切危險，我們就是讓其他人看見，他們也會沒事的。

領袖為我們甘冒風險，踏上前線，讓他們的勇氣感染更多人。

你願意為此付出什麼？

英國哲學家羅素（Bertrand Russell）曾說過：「寧可赤化，不要死亡。」我們不應任意批判另一個人的勇氣，但可以肯定，會說出這種話的人不只是躲在象牙塔妥當的保護下，恐怕還是窩在某個人妻的床上說出的。這句話，簡直是懦弱的極致。

可見對羅素來說，尊嚴誠可貴，生命價更高，沒有任何原則——甚至是自由，比保全自我更重要。他寧願屈服於蘇聯極權主義也不願放棄生命。

回到伊比鳩魯（Epicurus）的時代，已有哲學家提出疑問：為什麼有人會願意為了別人放棄自己的生命？他們質疑：為什麼有人會為了某種志業甘冒大險，更不用說為其赴死？當個馬屁精有什麼不好，如果這代表你可以保住項上人頭？要是守住原則會讓你付出生命的代價，那有什麼好處？

是的，這背後是有邏輯的，只是那是可悲的邏輯。

有另一位（比較勇敢的）哲學家約翰．彌爾（John Stuart Mill），他承認戰爭是醜陋的，野心也可以是醜陋的。只是，據他說，「道德腐敗和墮落到一種程度，以及認為沒什麼值得一戰的『愛國心』，更糟。」我們必須謹慎在某處劃下一道界線，如果沒法做到，這將會比歷史上大部分放肆的行為更加醜陋。

好在，我們內心深處知道有比死亡更糟糕的事。這就是為什麼我們敬佩那些為了自己的信念而勇於奮鬥、挑戰、下賭注、犧牲的英雄，無論是有名或無名。

加圖為了反抗凱撒而獻出生命，賽雷西（Thrasea）和後來的塞內卡都加入反對尼祿的陣營。斯巴達人寧願以自由人的身分戰鬥，而不是在薛西斯的統治下過著富足但卻淪為奴隸的生活。這不正是我們所稱頌的蘇格拉底的偉大之處嗎？他本來可以透過賄賂逃出監獄，但他沒有。耶穌不也是如此？

這裡先暫停一下，讓我們紀念一些鮮為人知的小人物英雄：那些遭到毆打、失去工作、被要求要繳清貸款卻仍舊登記投票的，我們不知其名的黑人。不顧納粹或種族隔離的規定，仍舊異族通婚的夫婦。二〇一九年在加州發生的猶太會堂大規模槍擊案，六十歲婦人洛芮・吉伯特凱伊（Lori Gilbert-Kaye）撲倒在猶太教師拉比身上，用肉身保護他免於一死。倫納德・羅伊・哈蒙（Leonard Roy Harmon）是一名海軍艦艇上的黑人伙房兵，二戰期間，他用自己的身體保護從瓜達康納爾島（Guadalcanal）撤離的傷兵，儘管當時美國仍是個黑人無法投票和自由生活的國家，他仍舊為了這個國家付出生命。二〇一七年，法國哲學家安．杜芙蒙特爾（Anne Dufourmantelle）在度假時為了營救兩名溺水的兒童而過世。本書曾引用過的詩人威爾弗雷德．歐文在目睹同為詩人的友人齊格弗里德．沙遜（Siegfried Sassoon）因戰爭受了重傷後，選擇回到第一次世界大戰中服役。就和羅素一樣，歐文也是反戰者，但他認為應該要**有人**將戰爭的恐怖記錄下來。就在停戰日的一週前，*他不幸戰死，為了一場他所反對的戰爭犧牲，但履行了他所相信的職責。

塞內卡說：「我們應該格外小心地珍惜身體，」同樣的道理，我們的職業、地位、我們為自己建立的生活也該是如此。「但我們也應做好準備，當理性、自尊、職責敦促我們要做出犧牲時，甚至是飛蛾撲火也要付諸實踐。」

之前說過，出於恐懼，我們會想問：「但有個萬一怎麼辦？」恐懼讓我們擔心會要付出什麼代價──主要是我們自己會付出什麼代價。英雄不會考慮這些，為所應為之事會需要付出什麼，他們甘之如飴。

例如說某個年邁領袖決定退休，將舞台讓給下一個世代，就如同馬提斯將軍在二〇一六年時的打算，又或是洋基隊傳奇球員盧．蓋瑞格（Lou Gehrig）發現自己的表現衰退時所做的。譬如說某位政客，為了通過一條必要的法案而掐斷自己的政治生命，詹森總統簽署美國民權法（Civil Rights Act）時說：「我認為我們只是把南方交給了共和黨。」不妨再想想某位藝術家，為了追求創作的天命也不惜冒犯觀眾和贊助者，美國畫家諾曼．洛克維爾（Norman Rockwell）原本在《週六晚間郵報》（*Saturday Evening Post*）的頭版有個插畫專欄，但他辭掉這份報酬豐厚的工作轉而追求創作上的自由，很快地他便以美國種族主義為題畫出最扣人心弦的動人作品。根據估算，拳王阿里因為抗議徵兵而損失超過一千萬美元的職業收入。

新冠肺炎期間，有些商家願意為了公共衛生安全犧牲商業利益，有些則不願意。這看似是種顯而易見的交換，但這真有那麼簡單的話，那們人人都會這麼做。

前面提到過企業領袖做出艱難的選擇需要勇氣，不過，對於一家公司來說，最困難的抉擇恐怕是他們所做的決定是先考慮人性，而不是以賺錢為優先。網飛前總裁里德．海斯汀放棄DVD業務是頗有勇氣的，但更有勇氣的事情，會是當沙烏地阿拉伯要求網飛刪除某個批評沙國政府謀殺異議記者的爭議性節目時，他能站出來悍然抗拒。但，考慮到網飛的股價，海斯汀提出的解釋是說：「我們做的不是『對當權者揭露

＊譯註：一戰停戰日（Armistice Day）為一九一八年十一月十一日，現為退伍軍人紀念日。

真相』，我們是在努力娛樂人們。」

如果你無法使用你億萬富翁的身分，以直截了當的立場來反對分裂的媒體從業人士，那麼成為億萬富翁又有什麼好處呢？

就像人一樣，所有企業都會遇到互相矛盾的職責。但歸根結柢，還有比金錢更重要的事情。身而為人，我們應該要對某些超出企業董事職責的事情做出回應，比方說，美國CVS連鎖藥局決定停止販賣香菸，即使菸品能夠為他們帶來高達二十億美元的年收入。雖說這家公司這樣做並不完全是像美國病毒學家約納斯・沙克（Jonas Salk）研發出脊髓灰質炎疫苗卻婉拒申請專利那樣，但能這麼做著實令人敬佩。正如同後續的發展，CVS的這個決定帶來了絕大的影響。他們的顧客並非乾脆轉頭到其他店家購物，而是有許多人就決定要戒菸。雖說並沒有其他的大型零售商跟進，但整個業界的菸草銷售量出現下挫，這全都是因為一家商店願意為了正確的事情而犧牲利潤。

為其他人、其他事承受打擊，這就是英雄會做的事，懦弱者則是想到他們自己。

勇氣會催促我們發問：「若非此刻，更待何時？」，以及「捨我其誰？」勇氣會促使我們更加大膽，反問自己：如果每個人都自私該怎麼辦？事情會變得怎麼樣？勇氣會鼓勵我們把賭注押在自己身上，開闢一條非傳統的道路。但我們不能忘記，拉比希勒爾所提問題的反面也是同等重要。他問道：「如我只是為了我自己，那麼**我又是誰？**」

我們抗拒虛無主義神不知鬼不覺的拉力，我們凌駕機會和命運，主動展現自我的主導力，但是為什麼呢？不能僅僅是為了我們自己的生存。美國詩人瑪雅．安吉羅（Maya Angelou）曾說過，勇氣是為了你自己和他人而站立。

這正是我們此刻所為之事，而事實上，正是**我們立於此地之故**。

崇高的動機

不顧父母反對，不顧社會批判，在曠野中度過時日就是為了聽從呼召？從南丁格爾身上我們學到這需要巨大的勇氣，就像是小鎮出身的男孩或女孩，夢想著到大城市逐夢。

想像一下，麥可．喬丹的經紀人和廣告商試著說服他不要放棄籃球改打棒球。亞馬遜創辦人傑夫．貝佐斯向他在華爾街的老闆說明他的構想後，對方帶他去散了個步，然後說：「這是個很好的主意，但對於一個並不是已經有了份工作的人來說，會是個更好的主意。」

如果南丁格爾放下一切，只是為了過一個十九世紀波西米亞式的生活，我們還會同樣欽佩她嗎？如果帕特．提爾曼退出美式足球職業生涯，不是去從軍而是成為創投家呢？脫離常規的路線需要勇氣，而當你是出於無私的原因這樣做時，這就是英雄的行為。

瑪雅．摩爾（Maya Moore）可說是稱霸美國女子籃球的王者。她贏過四枚美國女子職籃WNBA的冠軍戒指，她曾六次封為全明星選手。她拿過得分王、抄截王、年度最佳新秀，以及頒給傑出大學男女籃球員的伍登獎（Wooden Award）。

然而，她自己叫了暫停離開球壇。不是為了成為電視明星賺更多錢，也不是為了享受片刻的休息。都不是，她是為了幫助一個遭到冤獄的人能夠釋放。而她成功了，這兩人現在已結為連理。

知名媒體評論員大衛・布魯克斯（David Brooks）曾談過所謂的「第二座山頭」，也就是我們會付出自我去追尋的事物，為的已經不只是因為熱愛而勇於做出挑戰，也不只是由於克服萬難，人人望之卻步的艱鉅任務而帶來的獎賞。翻越第一座山，克服種種險阻之後，再度攀登的第二座山頭，我們明瞭到拚盡全力取得成功並不全是為了那種充實感。

把勇氣和英勇精神分開來看，約莫就是像這樣的差別。並不僅是因為我們追尋的志業會決定一切，而是奉獻自我，去成就某種很有可能與你的自身利益相衝突的事物。犧牲愈大，榮耀愈璀璨。即使是那些不容易注意到的小小成就：母親把自己的夢想丟在一邊，專心照護病重的孩子；雖然在自己的國家是醫學院畢業，但移民到另一個國家，仍舊甘願每天穿上圍裙從事粗活的工作；有人毅然辭掉薪水、地位高的工作，是因為相信其所在行業正在危害這個世界。甘願自己的名聲臭掉，卻在暗地裡默默地保護他人。

瑪雅・摩爾做了那樣一個決定，意味著她的數百萬美元收入、上電視曝光的機會、職業生涯的黃金歲月都將跟著泡湯。為所應為之事，可能會讓她失去一切，但她還是這麼做了。

她遭到人們的質疑、批判。當然，一般的共識並不是她想要營救的那人肯定是無辜的。如果是的話，這場法律戰也不會如此曠日費時。然而她勇於投身於此，好的一面是結局還未有定論，但壞處是她將失去她的籃球職業生涯和平靜生活。

戴高樂在走到人生晚年時反思道：「一個人的骨氣，最首要是要能夠無視來自於同胞的侮辱或厭棄。此人必須願意失去一切，沒有風險減半這回事。」

這也是英雄精神一個非常好的定義。

重新面對挑戰

一九三九年，迪特利希．潘霍華安全抵達美國。當他還在德國當牧師時，他驚恐地看著希特勒崛起，而現在他已能確保人身安全。然而，幾乎就在他所搭的船駛入紐約港後，他就開始後悔。他的每個念頭都緊緊纏繞著德國，他所拋下的同胞，以及繼續待在德國他或許能派上什麼用場。

這就像是當國家正遭受大火吞噬，但他人卻在海外度假。最後，潘霍華決定要返鄉。「我得出的結論，是我來美國是個錯誤，」他解釋道，「值此國難時期，我必須與德國人民一起度過。如我不和我的同胞一起分擔這次考驗，戰後我將無權參與德國基督徒生活的重建……德國的基督徒將要面臨可怕的抉擇：要不是自己國家敗亡，基督徒文明存續；不然就是德國勝利，但文明卻遭到摧毀。我知道我應該選擇哪一個，但我不能身在安逸中做這種選擇。」

當希特勒讓歐洲陷入一片戰火，潘霍華選擇投入反對希特勒的戰爭，儘管他一定已經意識到，甚至是心知肚明，返回德國就等於自願走上絞刑架。

最終，他因祕密謀反遭到逮捕、監禁和處以絞刑，只差一點就能成功暗殺史上最凶惡的怪物。潘霍華及其夥伴的紀念碑上簡單明瞭地寫著：「為了反抗獨裁和恐怖統治，這群人為自由、正義和人類獻出了生命。」

下定決心要移民，以及要逃離自己的國家需要難以置信的勇氣。離鄉背井，努力為家人提供更好的生活？正如有些人的命運就是要跨越海洋和曠野，有些人的命運也有可能是要「留下」，無論是字面上或象徵上的意義。

法蘭克·賽皮科的母親嚮往國外更圓的月亮，歷險穿渡洶湧的大西洋。賽皮科置身於紐約市警局具有腐蝕性的貪汙文化中，肯定無數次幻想過要辭掉工作。但他留下來，與之奮鬥，即便同僚因為他出庭作證而朝他開槍，也沒有改變他的意志。

為什麼走人的要是我？我又沒有做錯任何事，他這麼說。

即便身陷重大的政治和人身風險中，俄羅斯反對派領袖阿列克謝·納瓦尼（Alexey Navalny）仍舊選擇留在俄羅斯。*中國知名維權人士許志永（Xu Zhiyong）也許有辦法離開中國，但他並沒有離開。外界難免會感到納悶，這些異議人士簡直就像是自投羅網，終究會遭到逮捕——或按照納瓦尼的遭遇，是幾乎被暗殺，但納瓦尼卻在身體康復，妻子為他擦乾所流下的眼淚後返回俄國。繼續回到自己的祖國為靈魂而戰，彷彿是對正義的嘲弄。

他們為什麼不離開？

答案是他們相信留下，會比離開或流亡能做更多的事，心向改革的人士也經常這樣想。他們心甘情願地冒此風險，曉得當權者會做何反應，但無論如何他們都有足夠的勇氣堅持立場。有人問保羅・羅布森（Paul Robeson），為何不離開有種族歧視的美國，前往更具有包容性的歐洲。這位黑人歌手兼活躍的民權運動人士答道，「因為我父親曾是黑奴，我的同胞逝去，因而有這個國家成長茁壯，所以我要待在這裡與之共存……有法西斯思想的人休想要把我從這裡攆出去。」明白了嗎？

這就是為什麼即使有人不喜但我們還是每天準時上工，即便這對我們有危險。我們又沒有錯，為什麼要被趕走呢？如果別人想走、想退出，如果別人已經認定沒有未來，你要知道你不需跟進。你可以留下來，回到谷底。

事實上，這可能是一個人能做的最勇敢的事。

＊譯註：阿列克謝・納瓦尼是俄羅斯主要的反普丁人士，曾遭人下毒暗殺但存活下來，二〇二三年傳出遭移監至北極地帶，二〇二四年二月十六日在獄中猝逝。

當我們做出犧牲，就像羅布森和納瓦尼那樣，這就是在呼召其他人跟隨我們的榜樣，無論那是拒絕拋下因個人危機而成為有害的朋友，又或者是在每個人都喪失信心，但仍堅持既定的研究路線，相信這樣做將會結出果實。讓其他人都逃吧，我們不會那麼容易被嚇跑。我們不會放棄我們的政黨或家鄉，而是會留下來，解決問題，因為我們心知這才是對的。

蒙哥馬利公車抵制運動期間，警察出動鎮壓群眾，馬丁・路德・金恩逃到亞特蘭大。他是安全的，沒有失去自由。包括他的父親在內，大家都懇求他待在亞特蘭大，從遠方遙控運動的進行就好。「我必須回到蒙哥馬利，」金恩說，「如果我躲得遠遠的，我就是個懦夫。如果我留在這裡任由留在蒙哥馬利的弟兄姊妹遭到逮捕，我將無以自處。」而這成了他一生的承諾，當他成為名人，他大可以待在北方，領導民權運動並活到終老。相反的，正如金恩經常在演講中反覆提到的那樣，他要「返回死蔭的幽谷」。他的使命使他義不容辭……他有信仰的指引。

有時我們會受到召喚，但有時，命運會要我們留下來，要我們心甘情願地回到險境，留下來奮鬥。是為了我們的工作、志業或人生。是為了我們的家人、我們的鄰人。英雄就會這樣做，並為此付出巨大代價。

沉默就是暴力

一名密謀反對尼祿的人被抓獲，他在審問中被問到：「**你為什麼要這麼做？**」這名士兵對著已經被邪惡和妄想吞噬的皇帝回答：「因為這是我能幫助你的唯一方法。」

你會聽到常有人這麼對吹哨者、說真話者和運動人士等這類人這麼說，為什麼要這樣？難道你沒看到這造成多少麻煩嗎？有必要把事情鬧這麼大嗎？幹麼不讓我們自己清掉骯髒事就好？

答案是：因為他們太關心、太在乎，他們關心「那回事」勝過關心自己。什麼都不說，什麼都不做，事實上是比堅持揭露問題，或是吸引公眾去注意到某個不愉快的問題還會造成更大的傷害。

韓戰的某個關鍵時刻，一名年輕助理向國務卿迪安·艾奇遜發出建言。他擔心參謀長聯合會議給麥克阿瑟將軍擬定的命令過於模糊，這樣的不確定性會使麥克阿瑟有機會使戰爭態勢不必要地升級。「看在上帝的分上，」已經忙到焦頭爛額的艾奇遜回答道，「你才多大年紀？就想跟那些參謀長較量？」

該名助理才三十二歲，他並不想。於是他不再堅持反對，畢竟自己的職業生涯更重要。

幾天後，中國受到麥克阿瑟的侵略行動的刺激，對朝鮮半島大舉發兵，幾乎要釀成一場第三次世界大戰。

當我們拒絕涉入，拒絕拿自己或自己的名聲冒險時，我們必須明白，這將不只是自己的職涯或生命遭遇危險。兩千多年前，早在關於邪惡會怎麼樣盛行的名言出現之前，*奧理略就如此提醒過自己：「你也有可能因為無所作為而犯下不公義的罪。」

你能想像一個沒有南丁格爾來改革護理界的世界嗎？因為她不想惹父母生氣，不想與主管的官僚對抗嗎？你能想像戴高樂繼續留在貝當手下，斯巴達人沒有死守溫泉關，因為他們給自己換來一筆財富嗎？

如果斯巴達人優先考慮自己，沉默以對，那麼今天可能也不會有我們了。

如若不是連續不斷有藝術家挑戰創作自由的審查，有科學家出來挑戰教會的權威，有發明家不顧警告，抗議者不顧包圍和鷹犬的威脅，如若不是這些人做了犧牲，這個世界肯定不會是現在這個樣子。

這裡要記上一筆，並非所有踏上英勇旅程的人都能倖存。令人遺憾的現實是，有時候正確的事就像神風特攻隊的自殺任務，這通常並非指字面上的意義，更多時候是象徵性的意義。有時我們的長矛必須要刺中盾牌並折斷，有時我們必須願意一路堅持下去。我們必須願意失去工作、失去客戶、失去良好信譽、與朋友決裂、做出犧牲。

當然，這感覺很可怕，我們會需要對抗恐懼和保全自我的本能，但我們之所以在生活中培養勇氣是有原因的。這不是為了我們要再更成功一點，這不是為了要去體驗人生帶給我們的考驗，也就是之所以使人心生恐懼的東西。

我們培養勇氣，是因為這樣我們才能做到人們所期待的重要工作。

正如馬丁．路德．金恩所說：「沉默就是背叛的時刻要到來。」他對此有親身的體悟。金恩就是因為甘迺迪的一通電話，而免於遭受鐵鍊勞動之刑或遭人私刑教訓，他也欠了甘迺迪妹夫薩金特．席萊佛（Sargent Shriver）的人情，

＊譯註：此處作者所指的名言，應是指十八世紀英國政治家柏克（Edmund Burke）所說：「邪惡盛行的唯一條件，是善良者的袖手旁觀」（The only thing necessary for the triumph of evil is for good men to do nothing）。

後者也為此事發過聲。甘迺迪有幾名競選幹部警告他不要蹚這渾水，甘迺迪被勸退了，但席萊佛認為這人值得賭上一切來營救。「我從來不會運用我家族的關係，也從不請人幫忙，但你錯了，肯尼，」他這麼跟甘迺迪的最高競選顧問說，「這件事太重要了，我需要單獨跟參議員見個面。」

就這樣，席萊佛賭上了他的聲譽和他接觸甘迺迪的機會，與甘迺迪在一間飯店房間裡會面，設法訴諸甘迺迪心中那把道德的尺。儘管有人告誡過他：「要是成了，你不會獲得任何讚賞，但要是不成，你會是被責怪的那一位。」但他還是堅持不懈，直到他成功獲得甘迺迪的首肯。事實上，那正是他獲得的回報。一開始他因為拖累甘迺迪的選情而遭人謾罵，但在選舉結果證明他是正確的以後，他的角色立刻為人遺忘。通通都是負面的效應，毫無好處……但他還是勇敢地這麼做了。

願意接受這筆差勁的交易，這是英雄的作為。

為所應為之事，捨我其誰？如果不是有個人來做，會有多少人遭連累？

我們不能保持沉默，不能保持被動，我們必須要願意背負下來。

這是我們能幫上忙的唯一方法。

希望的膽量

一九六一年，約翰·路易斯在南卡羅來納州一個公車站想要使用「僅限白人」的候車室，遭一名男子打到暈厥。像這樣毫無來由的毆打，是路易斯在英勇地實踐「自由乘車運動」（Freedom Rider）和推動民權運動時很容易遭遇的日常。這次被毆，*就像任何其他次那樣，能輕易地打擊一個人的心靈與精神。他來到這裡，只企盼能看到一丁點最後的人性尊嚴，但人們卻試圖為此殺死他。事實上，有些友人和太多無辜的孩子因為勇敢堅持憲法賦予他們的權利而慘遭殺害。

人怎麼可能會不受影響？這樣的事情怎麼可能會使他們不關上心房？然而，在四十八年後，路易斯有機會見到當初攻擊他的人，那人叫做艾文·威爾森（Elwin Wilson），原來是威爾森已經準備好要向他道歉。

*譯註：自由乘車運動（Freedom Rider）起源於一九六一年，當時美國南方仍有種族隔離現象，民權運動人士發起乘坐長途巴士跨州旅行，來檢視各州種族隔離的規定。

更令人吃驚的是，路易斯願意接受道歉。

多數人在第一次遭到毆打，或第四次、第十五次之後，就會放棄相信人性。我們能忍受多少次坐牢？（約翰．路易斯被逮捕過四十五次！）毫無進展、停滯不前，我們還能忍受多少年？自然而然的，不就很容易使人感到憤怒與絕望？

談什麼大愛？談什麼憐憫、樂觀？還想再次放下戒心？別開玩笑了。

在這該死的世界，一個人能做的最不可理喻、最有勇氣的事就是繼續保有希望。

我們有很多理由不這麼做，因為痛苦、失敗。

好人不長命，禍害遺千年。

人類的貪婪、自私、愚行、仇恨毫無止境。＊

我們很容易就可以說：「這有什麼意義？」但一日放棄，我們就輸了。

你無法打贏，也無法改變一場你已經退出的戰鬥。約翰．路易斯就拒絕退出，他邀請艾文．威爾森到他的辦公室，致贈對方一本書並親自題了一段話：

「致艾文．威爾森，永保信念和希望，獎賞就在前方。」

這樣的信念有一種奧祕，當你相信某件事時，你就會更容易相信人性。這能幫助你忍受痛苦和缺點，此外，威爾森的中間名就是「希望」（Hope），還有誰能寫下比這更神奇的劇本？

安妮·法蘭克在日記上對自己說：「工作、愛、勇氣、希望，請把我變得更好，幫助我面對難關！」就連躲藏在閣樓裡的猶太少女都沒有放棄人性，我們又能生出什麼藉口呢？

這裡說的不是某種特定的希望，像是：哦，這到了十二月就會結束了。哦，我們的狀況很快就會變好。哦，我所有的痛苦都會神奇地消失。也不是什麼愚蠢的幻想（假如你能作夢——而不成為夢的奴隸）。**希望必須更深刻和高遠。像是二十世紀初的南極探險家沙克爾頓（Shackleton），他希望克服一切困難，返回拯救他的部下。像是戴高樂，雖然最初只有一個人奮鬥，但他堅持下去，最終將不再是如此。正是像這樣的希望，才能扭轉情況，成為有力的真實。

*有趣的是，虛無主義者已經對任何事不抱期待，但他們似乎總是對人類感到非常失望。

**譯註：這句話出自英國詩人吉卜林（Rudyard Kipling）的詩。

即使是離了婚，即使是遭到搶劫，即使是遭遇意料之外的失敗和隨之而來的破產，我們也不能放棄——不放棄人，不放棄對更美好未來的信念。拒絕接受人人都說正義的金庫已經破產。拒絕相信人是不可救贖的。拒絕承認我無法讓這一切變得更好。我不會停止努力，直到我從這種痛苦中發掘某些意義。

不相信希望是一種逃避。正如前文所提，這就是虛無主義，是不去關心或不去嘗試的黑暗理由。但希望呢？希望是一種義務，希望也是一道光明。正如美國詩人艾蜜莉·狄金生（Emily Dickinson）寫過的一首詩：「希望鑲嵌著羽毛；棲息在我們的靈魂上；指引我們飛越暴風；保護我們身子溫暖。」她還說，「希望不會對我們提出任何要求。」

但這並不完全正確，希望需要我們的勇氣，和**更多的勇氣**。冒著被燒傷的危險，我們手捧著火。儘管身處恐懼和絕望，仍舊保持樂觀與正向。雖然遇到令人心碎的事，仍然願意將心房敞開。繼續前進，無視那些駭人的困難。希望賦予我們力量，透過將這種希望散播出去，我們能夠實踐英雄的行為。

要記得：領袖要散播希望。沒有人願意生活在一個沒有明天、沒有繼續下去的理由、地平線那頭望不到目標的世界。如果我們想要有這些，就必須創造這樣的世界。

拿出英勇的表現，為了他人，為了自己。

無論我們做什麼，都不能屈服於痛苦。我們必須拒絕絕望的邪說異端，不放棄自己，也不放棄別人。我們要為自己建構一段篇章。這是關於歷史，關於我們的生活主導權、進步、救贖的機會是其中的重點。

我們仰望著希望，用希望來仰望，那是一切偉大的種子。是通往更美好明天的關鍵。

堅持到底，不輕言放棄

耐性是一回事，拒絕投降是另一回事。

關於愛比克泰德有一則故事。他遭到主人的酷刑虐待，後者希望愛比克泰德能哀求他停手，因此他一遍又一遍地冷冷警告他的奴隸，再不求饒就要打斷他的腿。結果，愛比克泰德的腿真的斷了。他說：「我剛剛是怎麼說的？」

像這樣的堅持和毅力，超越了單純的忍耐。愛比克泰德不願也不允許他的精神被擊垮，他不會屈服於痛苦或絕望，他就這樣從三十年的奴隸生涯和流放生活存活下來。

小加圖為了保衛羅馬共和國，不只拒絕對凱撒投降，還要求任何人不要為他求情或網開一面。因為那樣就表示他是被擊垮，被暴政的勢力給征服，但事實並非如此。

這就是英雄應為之事。小加圖的軍隊不僅燒掉後面的船，還燒掉了白旗。

英國女權運動家艾米琳．潘克斯特（Emmeline Pankhurst）所發表的著名「自由或死亡」演說，受到小加圖和他所做的抵抗啟發，她在當中敘述了像這樣的諾言：

「如果女性表示同意，那她們可以接受不公義的統治。但現在女性直接地說出：我們不同意，不願意接受不公義的政府的統治。即使是發起內戰，也不能對手無縛雞之力的女性施以統治。你可以殺死那個女人，但她會逃脫你的追捕，你無法統治她。地球上沒有任何力量能夠統治一個對其無法給予認同的人，無論那人是多麼地弱小。」

我們心知肚明，有些時候或許需要我們做出戰術性撤退，但我們永遠、永遠不會投降。

他們可以判你失格，把你扔進監獄，沒收你的財產。在媒體上羞辱你，在法庭上攻訐你，興起強大的企業資源來對付你。他們可以將你放逐到大海上的孤島。他們可以奪走你很多東西，但只要你還活著，就無法迫使你放棄。

暴徒燒毀自由乘車運動者搭乘的巴士，你知道這些運動者怎麼做嗎？他們搭乘下一班車。他們到醫院縫好傷口，繼續前進，因為他們有要奮鬥爭取的東西。

南北戰爭中，正值格蘭特將軍指揮北軍對李將軍的軍隊提高壓制的時候，他對一名記者說：「如果你見到總統，請替我告訴他，無論發生什麼，我們都不會回頭。」他不確定他是否能勝利，但他說，他會像斯巴達人一樣帶著盾牌回來。沒有人能保證一定能打勝仗，因此，格蘭特所做出的承諾就是付出他所能付出的一切，包括他的生命。

「斯多葛學者輕視身體上的傷害，但這並不是誇誇其談，」詹姆士・史托克戴爾寫道。「他們講到這樣的事時，是想像著作為一個好人，他們對同袍或上帝承擔了什麼樣的職責，而當他們未能達成這樣的職責時可能會產生多大的羞愧感。」

英雄是從靈魂汲取真正的力量。癥結並不是在於誰擁有更龐大的軍隊、更精良的武器，或誰擁有更合理的理由或更多的預算。永不放棄的人將是勝者，如果不是現在，就會是以後，如果不是今生，就會是來世。

「Si succiderit, de genu pugnat」意為：「即使他的腿斷了，他仍會跪著戰鬥。」*他仍會奮力抬起頭，即使這幾乎已不可能。

邱吉爾不曉得英國能否堅持下去，任何人都無法確定。但他很確定要是納粹來了他會如何反應。**我們該怎麼辦？**他的兒媳這麼問道。沒有任何事能阻止你從廚房拿出一把切肉刀，沒有任何事能阻止你用那把刀解決掉幾個混蛋，邱吉爾這麼回答。

沒有人說別人最終無法擊敗你，但選擇投降是你自己的決定。如果你放棄了自己的目標或信念，那是你自己的責任。

奮力抵抗，直到戰至最後一兵一卒。

海明威提醒我們，儘管這些努力很有可能遭到毀壞，不管是被生活、被敵人、被某次的壞運氣，但沒有人能**擊敗**我們。那是我們的呼召，可憑己力控制的事，只有在放棄的時候，才是被擊敗的時候。失敗唯一的方式就是放棄勇氣。

失敗是一種選擇，而勇者永遠不會選擇它。

＊譯註：這句話出自塞內卡。

沒有人是牢不可破的

人們認為勇氣意味著堅不可摧。

不。

勇氣意味著當你被擊垮時能重新站起來。因為你的孩子正在看著你，你所從事的志業需要你。

也因為你不會讓邪惡得逞。

勇氣意味著自己能重新振作起來，以至於你能為自己、為他人做該做的事。

但有些人害怕這麼做，不是害怕繼續前進，而是害怕自己的脆弱，需要承認我們受了傷，需要復原，遭遇了挫折。

海明威寫得最美的一段文章中，這麼說道：

「如果人類為這個世界帶來如此多的勇氣，那麼世界必須殺死他們才能摧毀他們，因此世界必然會殺死他們。世界把每一個人弄得遍體鱗傷，但在傷害過後，許多人從遭受破碎的地方變得更堅強。然而那些破碎不了的人，世界會來殺害他們。世界殺害最善良的人，最溫和的人，最勇敢的人，不偏不倚，一視同仁。」*

世界是個殘酷而艱險之地，至少在地球四十五億年的時間裡，它從未被打敗過。全體物種當中，不管是食物鏈上最頂層的掠食者，到古羅馬神話裡的大力士海克力士，到作家海明威本人，世界生養了各種強壯、力量大到不可思議的生物。他們現在去了哪裡？化為塵，化為土。這些人當中，有太多人無甚必要地締造了超前該時代的成就。

原因是，他們把力量和韌性混為一談。

斯多葛主義是一種無比深切的勇氣，幫助你在遭遇世界擊來的硬拳時恢復元氣，並在這恢復的過程中，助你在更深刻的層面上變得更強壯。斯多葛主義者用自己能夠控制的東西來進行這治癒的過程，也就是對事件的自身反應。修復、習得的教訓、為日後做準備、為他人做好事、對外求助、做出改變、犧牲以為更偉大的良善。

這並不是西方獨有的想法。日本有種叫做「金繼」（kintsugi）的傳統工藝，其起源可追溯至十五世紀。這是一種修復破損的杯、盤、碗等器皿的技藝，然而，工匠並不

＊譯註：此段落摘自海明威的小說《戰地春夢》。

是單單地把碎片拼湊起來，而是突顯瑕疵，讓碗盤變得更美麗。金繼的工匠並不是單純用膠黏合碎片，而是使用一種混合了金、銀的漆將碎片黏合起來。傳說中，日本人發明這種藝術形式，是因為有個破損的茶碗被送去中國修理。但是送回來的成品變得醜陋，碗還是原來那一個碗，只是上面布滿裂痕。因此，日本工匠發明了「金繼」的手法，將裂痕轉化為美麗的痕跡。

這正是世界在向我們叩問一些事，世界知道我們勇敢，所以它想知道：你要選擇死亡，還是留下殘缺卻蛻變得更美麗的「金繼」？

你會找到辦法，讓你被打破的地方變得更堅強？還是說，你會繼續堅持你的舊方式直至你粉碎為止？

英雄會想辦法再站起身，讓自己痊癒、成長，不僅為了自己也為他人。

贏得最多勛章的美國軍人奧迪．墨菲，就是用這樣的想法為他的回憶錄畫下句點。他因為戰爭受到傷害，他曉得這一點。他在戰場親眼目睹難以逼視的事物。就跟像許多退伍軍人和創傷倖存者一樣，他患有創傷後壓力症候群（PTSD），但他決定不讓這幾個字在他身上烙下印記。「突然間，生活直逼著我們而來，」他在書中寫道，「我向自己發誓，我要恢復像正常人一樣生活。或許我身上留下戰爭的烙印，但我不會被它打敗。」

我要回家，他對自己說。墨菲拒絕放棄，不願讓心中的魔鬼戰勝。他要找到夢中情人，結婚、成家。他要找份新的職涯、新的目標：「我要學會不用憤世嫉俗的眼光來看待生活，擁有信仰，懂得愛。我要學習在承平時期也能像在戰時那般工作。而最終，就像無數人那樣，我最終將學會重生。」

勇氣是美德，美德是勇氣

「美德有如音樂，以更昂揚、高尚的音符發散出去。」

——史蒂芬・普瑞斯菲爾德

德國文豪歌德（Goethe）的戲劇作品《浮士德》（*Faust*），在一開頭寫道：「太初有道」。

接著，他糾正自己。不，太初有的是**行為**。

本書是一本探討勇氣的書，也是筆者四樞德系列叢書的第一本。在此，本書來到了尾聲，筆者想要指出：話語無關緊要，**行為**才是。

事實上，沒有什麼比勇氣與節制、正義、智慧另外三種德行之間的關係更能證明這一點了。*若非先有勇氣以行動獲得另外三種德行，不然也是空談。

正如英國基督教思想家路易斯（C. S. Lewis）所言：「勇氣不單僅是一種德行，更是每一種德行遇到試煉時所表現出來的形式。」試著過簡樸的生活，保持誠實，追求知識。而當你想在一個智慧、自律、正義遭到遺棄的世界裡試圖實踐這些，你就會明瞭。要是沒有勇氣你是否能貫徹下去。你會遭人嘲笑、批判、貶低，你會受挫，發現你的銀行存款即將趨近於零元。這一切都是考驗。

若無勇氣，就無法通過的考驗。要不是凡庸的群眾折服你的心志，不然就是你成為他們的一分子。要不是你在壓力下崩潰，不然就是放棄了承諾，不再堅守給你造成壓力的那份志業。

勇氣是唯一的出路，是支撐一切的支柱。

你會需要它。

看吧，談論美德很容易。美麗的話語在書籍篇章上輕快地流動，從古到今，受到無數詩詞、文學、回憶的歌詠。但是，寫這本書的目的，還有你花在閱讀這本書的時間不只是為了娛樂而已。

我們正努力變得更好，努力回應我們的呼召，下定決心做出艱難的抉擇，無論是

＊譯註：天主教將四樞德分別稱為：智德、義德、勇德、節德。

在明日、此刻，或是任何一個瞬間。

只存在於紙上的美德，要它何用？如果實行的勇氣都沒有，那還有什麼意義？你能獨自堅持下去？即使面對如此多誘惑還是能夠持續不懈？

沒錯，知是一回事，行是另一回事，但總有某個見真章的時刻。對於真理，我們應該先思考，接著行出來，將真理呼吸進靈魂深處。古人很喜歡講的一句話是：「**性格決定命運**。」

意思是一個人的信念會決定他會怎麼做。四樞德的意義就在於幫助人灌輸良好品格，以至於遇到關鍵的時刻，個人能夠憑藉本能行事。勇氣不是像破產那樣是你宣告就會有的東西，勇氣是要用贏得的，要成為你的一部分。作家要靠著寫作才會成為作家，一名偉大的作家則是靠著寫出值得閱讀的作品而成為偉大的作家。同樣的，「勇氣」是一個人在人生歷程中憑藉著做出勇敢的決定，而贏得的最高評價。

本書中所談論到的前人楷模：戴高樂、斯巴達王列奧尼達、弗雷德里克·道格拉斯、老羅斯福總統、艾蓮娜·羅斯福、奧理略、蘇菲亞·法洛爾、法蘭克·賽皮科、詹姆士·史托克戴爾，這些人都並非完人。有時，他們表現出的德行與我們討論到的德行完全相反，這點必須釐清。儘管如此，我們無法否認當他們遇到關鍵的時刻，正是「品格」推動他們去做出意義深遠的偉業。所受益者，不只是當時他們所幫助的人們或所推動的志業，也為今日的我們帶來啟發。

誰說了什麼並不重要，重要的是其為人。

這就是林肯的蓋茲堡演說的精髓：我們在這裡說了些什麼無足輕重，但世人將永遠緬懷這些勇士在這塊土地上所做的事。無論是西元前四八〇年的溫泉關，抑或是兩千年後，英國軍隊在同一個隘口，投下相同的賭注對付德軍；無論是南丁格爾鼓起勇氣回應她的呼召，又或是瑪雅．摩爾毅然決然地放下一切去做她認為該做的事；無論這些人是否完全了解他們做了什麼樣的犧牲，或是否明白這樣做會遭遇什麼後果，他們的勇氣一代又一代地傳承下來。

不需要凡人將之奉為神聖，他們的德行閃耀著光芒，本身即成永恆，甚至有如火中的獻祭。

因為我們知道，如果沒有勇敢的先行者，我們就不會站在這裡。

只有一種方法可以回報他們。

那就是我們自身要起而行，接手前人「未竟的事業」，為這樣美麗的故事增添更多篇章。無論是否意識到這一點，我們都必須將我們已經成為其中一分子的傳統持續下去。我們必須追隨海克力士的典範，要從選擇美德開始，不是要你在嘴巴上說你是個多麼多麼好的好人，而是要從生活中就要實踐美德。

我們愛怎麼研究德行都可以，但是當我們走到命運的交叉口時，就必須做出選擇。

筆者在本書開頭引用了聖經和美國作家史坦貝克的話，現在讓我們再次用此作結。史坦貝克在小說《伊甸園東》（*East of Eden*）的結尾中說，基督教最有力的一個字是：「timshel」。*舊約聖經是用希伯來文寫的，聖經裡的十條「誡命」（commandment）被翻譯到英文裡是「命令」的意思。但史坦貝克認為原始的用法更加準確，按照希伯來文，神說的是予人有選擇餘地的「你可以」（Thou mayest），而非具有強制意味的「你應該」（Thou shalt）。「這是基於個人責任和良心的創作，」史坦貝克在寫下這些章節時向編輯解釋道，「只要一個人願意，就可以去做，但要不要做，是取決於個人。這個小故事變成這世上寓意最深刻的故事之一。我過去一直覺得是如此，而現在我知道就是這樣沒錯。」**

無論是聖經、海克力士的故事，或《伊甸園東》、《浮士德》，其中的寓言都是要傳達相同的訊息：**人有選擇**。我們在怯懦與勇敢、美德與惡行之間做選擇。

勇氣在恐懼中呼喚我們，引領我們做出按著自身職責該做的每一件需要勇敢和毅力的行動。勇氣呼召我們超越自我，追求更廣大的利他共好。而要如何回應呼召，取決於我們自己，這樣的機會不會只出現一次，而是成千上萬次，不會只出現在過去與未來，而是今時、此刻。

你的回應會是什麼？

你能拿出勇氣嗎？是為了何人、何事？

世界等著見證。

＊譯註：這個字是希伯來文，意為「你可以」。

＊＊譯註：《伊甸園東》借用了舊約聖經中該隱殺死亞伯的故事作為典故。十誡中有一條是「不可殺人」，史坦貝克的意思是「timshel」更能體現聖經的原意。

後記

大約是我二十三歲的時候，美國服飾公司（American Apparel）的執行長多夫・查尼（Dov Charney）要求我將一名控告他的女性的裸照洩漏出去。

我拒絕了他。

他認為這些照片和隨附的文字簡訊可以讓他被判無罪，某種程度而言是沒有錯。這些照片也就是現在我們所稱的「色情報復」（revenge porn）。＊

我說我不要參與這檔事。

當時的我對當下湧出的道德勇氣感到一定程度的自滿。但等到我年齡漸長，慢慢寫下了前面您剛閱讀完畢的文章之後，我發現我所做的選擇仍舊成立，但似乎有些不光彩的不足之處。從一方面來看，違抗老闆並不像美國服飾公司的人會做的事，這是說員工想保住飯碗的話，更別說他們有可能想跟老闆站在同一陣線。但另一方面，為什麼我不乾脆當下就走出大門，再也不回頭？為什麼我不當場辭職？為什麼別人不這樣做？為什麼我還是想保住工作？

我記得很清楚，幾週後我走進他的辦公室，親眼目睹他和大型媒體的記者開視訊會議時，在會議中拿出了這些照片。事實是我只停止了「我本人」對該項陰謀的參與，但我沒有做任何事來阻止這件事發生。不到幾分鐘的時間，這些照片就會在網路和媒體上引起軒然大波。

為什麼我拿出了勇氣，卻還是得到失敗的結局？

自那之後，我問自己好多遍這個問題。因為，那不是我在這家公司唯一遇到的道德兩難。我告訴自己，留在公司是因為我想保護下面的人，我認為留在公司才能更有作為。因為我相信公司的使命（為世界做好事），因為我不會跟其他人同流合汙，包括「他」。某種程度上，這樣的想法沒錯，然而人總是能找到理由不去做困難但正確的事。在那個年紀，要放棄金錢，放棄我曾做過最重要的工作，打亂我的人生計畫——在在都對我造成沉重的負擔。

現在回想起來，諷刺的是我正是在那段期間計畫做件更可怕的事：就是離開企業

＊譯註：意即未經同意散布他人性私密影像，如裸照或性行為影片。常見的情況是情侶、配偶間雙方關係絕裂後，持有的一方以此來要脅受害者。

界，轉型成為作家。我想我是害怕要是收入來源斷了該怎麼辦，失去薪水的可能性，使我猶疑不決。前方的不確定性，要往黑暗縱身一躍這樣的事，使我退卻。然而，因為我的優柔寡斷，我將自己和自身安適看得比正道還重要，也比其他人重要。

我繼續在這家公司待了三年，擔任顧問和策略專員，主要做的是協助員工解決問題，並防止公司這輛大車開進山溝。我阻止了錯誤的決定，將決策引導至更符合道德倫理的方向，並試著勒緊多夫身上的韁繩，不讓他亂跑。我試著用自己微薄的力量讓公司繼續運轉，幫助數千名製衣工人獲得溫飽。而我也繼續領取公司的薪水，因此，我無法完全逃脫已經發生的壞事的共犯責任。

我並不是個勇氣的典範。

到了二〇一四年，我已成為三本書的作家，而老東家的狀況突然急轉直下。過去的多夫對現實感的拿捏一直時好時壞，在那時期更是變得雪上加霜。他住在倉庫裡，睡的是一張帆布床。他毆打了一名員工，像瘋子一樣對員工怒罵，還把庫存價格壓到有史以來最低。他繼續官司纏身，因為他控制不住自己。

在多夫逐漸陷入瘋狂的過程中，我經常與美國服飾公司的一些董事會成員討論公司內部的狀況。隨著財務報告的數字變得愈來愈難看，董事會最後決議要拿執行長開刀。我那時即開始主張，多夫需要幫助，就像羅馬暴君尼祿需要幫助一樣，讓他下台是唯一的方法。得出這個結論實在花了太久的時間，但既然我做了決定，毫無疑問這才是正確的道路。在我結束《挫折逆轉勝》（*The Obstacle Is the Way*）的新書巡迴宣傳的那一天，我接到多夫的電話，然後又接到他副手打來的電話。原來是董事會終於決定要開除他。

如果我早一點遊說這件事，情況會不會變得比較好？又或者被開除的會是我呢？如果我在二〇一一年就走人以示抗議，這個舉動是否會讓某人得到警惕，還是我的離職根本不會在任何人心裡留下一片雲彩？又或者，如果我沒吞下我的批判，那麼我就無法親眼見證這個轉折性的時刻真的來臨。還是說……總之，這些內心小劇場只是我的一廂情願。

多夫不曉得我是他被趕下台的背後推手，還掙扎著在這瀕臨絕望的時刻收買我的忠誠。「我會幫你買下一個出版社品牌。」他說。他能兌現這個承諾嗎？大概不能。反正也不重要，因為我根本沒興趣，我已經跨越了我的盧比孔河。我飛往洛杉磯，接下一項新職務，就是重建這家公司並將其從多夫的手中拯救下來。至於多夫，他並沒有收下數百萬美元的分手費安靜離開，而是決定既然他已不再是這家公司的頭了，他寧願攻擊這座他花了畢生心血所打下的江山。結果這變成了一場競賽，我們必須盡力阻止他把這個地方燒成一片火海。

華爾街那邊出現了敵意收購的行動，董事會則是為了反制，發起大量增發低價新股的毒藥丸計畫。雙方交鋒雖然還不至於陷入戰火，但混亂的程度也是我前所未見。我不得不勇敢出來面對批判、密謀，以及所有莫名其妙的蠢事。我必須坐下來接受幾項調查。我向對方坦承公司的機密事項，以及金錢都被浪費到什麼地方去。我說服其他人也說出他們知道的事，並保護他們免受報復。我清理掉了長久以來的混亂，取消一開始就不該實施的政策。我安慰大夥兒，試著將公司事務導回正軌。我在距離家很遠的地方長時間工作，和大家一起想辦法挽救公司餘下的殘局，這段期間我的太太耐心地獨自在家等待。整個過程使人筋疲力竭。

但並不是每場戰鬥都能打贏。新的企業管理階層在一個關鍵時刻出現了遲疑。有些員工——多年下來已經跟著腐敗了，應該被解雇，但這些人卻因為上頭擔心會惹惱民心而得到慰留，使得多夫能夠躲在他們背後，繼續破壞公司。接著，收購該公司的避險基金在多夫營造出的壓力下出現態度上的軟化，同意讓他以部分參與的形式回到公司。我曾多次提出警告不應當這樣做，因此我當場辭去職務，放棄了剩餘的合約。

多夫遭到開除的真實原因，有太長時間都被大家否認，或是用其他藉口開脫。這種走回頭路的路線，對我來說是不符良心的，但那些企業轉型專家認為他們比較厲害。最終的結局是，這家公司走上宣告破產一途，而且還發生了兩次。超過一萬名的美國服飾公司員工失去飯碗。*

我並不是不曾因寫作而收到死亡威脅，但沒有一樁像那年夏天，多夫手下某個跳梁小丑在電話上對我說的那樣使我惴惴不安。一開始，你替某人工作，你欽佩他，心中還想著你們相信相同的價值，一直到有一天你終於發現是你蒙蔽了自己。這才意識到你是在貶損自我，你所為之付出的幾乎是一片謊言。突然間，你擔心你的人身安全，生怕車子和辦公室已經遭人竊聽，只好裝作一切如常。

這一切有悲傷、有害怕，但也使我感到驚人地踏實。不管是做困難的事還是離開走人，跟過去那段違背心中道德羅盤的歲月相比，感覺都要好得多（雖說偶爾也有過有趣、歡樂的時刻），也更使人感到充實。

在美國服飾公司這座大廈逐漸傾頽的期間，我讀了很多塞內卡的書。塞內卡是個

＊這段經歷詳述於我的書《失控的自信》（*Ego Is the Enemy*）。

令人著迷的人物，他不僅寫下許多關於斯多葛主義的動人文章——尤其是那些談論勇氣和正義的，而他也服侍過暴君尼祿。我有沒可能是二十一世紀版的塞內卡呢？一個言行不一的作家？從某種意義上來說，是的。無可爭議的是，我令人失望了，我妥協了。我應該看得更清，原可更勇敢些才對。

很大一部分的原因，或許是這整起事件花了緩慢而長久的時間悶燒，最後才達到沸騰的頂點。剛開始的時候，你是根據看到的事實做出假設，或甚至是做出個人接受範圍內的妥協。塞內卡是在尼祿十幾歲的時候遇見他。而我認識多夫的時候也是青少年，接著，情況開始變調，青少年學到了教訓，事情一件件發生。但要是一個人不願隨著成長和事態的變化做出決定，這裡說的是艱難的決定，那麼他就是個膽小鬼。

無法主動掌握內在的主導力，這種現象是有傳染力的。過去在美國服飾公司，員工很常掛在嘴巴上的一句話就是我們都在「看多夫一個人大顯身手」，甚至不會有人說出是不是該對此做些什麼補救的話。彷彿我們正被動地觀察著我們所置身的超現實世界，連續好幾個小時不斷看著多夫怒罵和咆哮。有時他表現得絕頂聰明，有時他令人髮指地惡毒。似乎沒有任何人想到：我們是不是能做些什麼。也許我們是期盼會有其他人（例如說大人）會來救我們。正如塞內卡憑藉自己的力量變得強大，隨著年齡漸增，我們輕易地忽略了**我們才是需要出來伸出援手，整頓現場的人**。

保密協議、遣散費、汽車租賃、友誼、將事物一一分門別類……直指我們內心的情感困境。多夫是公司的老闆，他的簽名就在我們的薪水支票上。我們跟他有個人的交情，而那會使一個人盲目。沒有人曾提醒我們需要留意，即使有，我們會聽進去嗎？還是會更深陷於我們的認知困境中？恐懼以多種形式存在，是一種極具影響力的嚇阻工具。恐懼征服了勇氣，至少我可以代表自己這樣說。

塞內卡自己說過，德行是由兩個部分組成。先是學習，然後是行為。根據塞內卡所說，如果還有第三部分，那就是告誡和提醒，也就是基於我們的經驗來鑒察、反思和制定規則的過程。當然，最重要的部分是行為，我自己的故事就是最好的證明。但也正是透過失敗，以及事後的回顧，我們才能成長和學習，並期盼下一次能做得更好。塞內卡就是這樣，最後他也真的與尼祿決裂，像個英雄般走出朝廷。

等到進入了二〇一六年，我也從自己的經驗中學到教訓。我在《紐約觀察家報》（*New York Observer*）有個專欄，該報老闆是傑瑞德．庫許納（Jared Kushner），當時他簡單地以某個房地產開發大亨和實境秀明星的女婿的稱號為人所知。那年夏天，我寫了一篇文章，強烈質疑川普（Donald Trump）擔任國家公僕的適任性。在這之前，我的文章從不需要編輯部核准就可發表，但很意外地，該報擋下了那篇文章。若這是在早幾年前，我會不敢去惹事，這可能會害我失去寫這專欄的稿費。現在，我完全不會考慮不去發表我認為是重要的東西。

我也知道我沒有錯，這意味著將之說出來是應為之事。

我將該篇文章發表在其他地方，立即獲得瘋狂轉傳。我心知這表示我在《紐約觀察家報》寫作的日子應該進入倒數計時了。緊接著，我寫了另一篇批評文章，主題關注的是極右派網站布萊巴特新聞網（Breitbart）。這篇文章再次被擋下，所以我自己發表出來。過沒多久，我得知某個跟該活動有關的人打了通電話做出嚴重指控，對方說我的某本書抄襲。這是個荒謬的指控，但這不是重點，這其實是個警告。對方想說的是，如果我不閉嘴，他們就會試圖毀掉我。

結果這招沒半點用。

如果我因為批評川普的文章而失去專欄該怎麼辦？如果我被迫要與不實指控對抗呢？如果有人來追殺我呢？就像奧理略所說，我會使用我手上一直都有的工具，失去薪水的時候我都是怎麼應付的，那就比照辦理。屈服於恐懼，就是否認你的天賦和技能，這些正是讓你走到今天這個位置的條件。這麼做，就是自行卸下你與生俱來即有的主導力。

從某種意義上說，我很感激我在美國服飾公司的經歷，雖說這教訓來得有點晚，但我從中學到傾聽自己內在聲音的重要性。身處一片混亂和腐化的氣息中，很難聽見勇氣的呼喚。有時候，只有在親眼見證了發生在自己和其他人身上的苦果之後，一個人才能了解到因為一時的猶豫，沒有向當權者吐露真言會帶來什麼樣的危害。

前面提到筆者遭受到的公然恐嚇是屬於比較罕見的，更多時候，個人面臨到的是生活中常見的平凡誘因。說一般人愛聽的，自然就能獲得流量密碼。絕口不提政治，不要去質疑任何人的身分。在現在這個時代，任何作家都可以檢視一下自己的取消訂閱和取消追蹤率，很快便能得知，說出殘酷的事實往往是在跟自己的荷包過不去。當你寫的文章涉及爭議性話題時，只需讀一讀粉絲來信：「為什麼你要講這些？」、「我再也不會讀你的東西了」，你就能明瞭。

敝人並非完人，我也並非總是如我所希望的那般勇敢。但隨著我寫作的年月不斷增加，有件事於我而言是漸形清晰：無論人們愛聽與否，作家的義務就是講真話。就如同普利斯庫斯的遭遇那樣，你可能會因此遭到懲罰。社會可能想要「取消」你，*甚至有人因此想要殺死你。但正如我經常對憤怒的讀者所說的那樣，我建立自己的平台就是為了說出我所相信的事。

之所以把我的經歷留到本書的結尾，正是因為這個故事既複雜又平凡。這麼多年來，美國服飾公司雇用過的員工多達一萬兩千人。最該責怪誰？沒有人敢說。如果有人讀過關於那些外洩照片的新聞，可能會發現當時的情況是有多麼各說各話。或許也有人讀了我寫川普的專欄文章後認為我大錯特錯，根本不該發表。

我寫這些是要表明一個觀點，勇氣是我們每個人必須要用自己的方式，在自己的生活中努力去實現的，其中大多數時候是平淡無奇。十八世紀的英國文人塞繆爾．詹森（Samuel Johnson）曾打趣說道：「每個男人都因為沒有當過兵而感到自卑。」我了解這種感覺，即使是在寫這本書的時候，我也一直反覆叩問自己這個問題：我有資格大放厥詞嗎？除了曾經幫忙打電話叫救護車，以及在某個酒吧外的人行道上幫人做心肺復甦，從來沒有救過任何人的我，有資格寫這些嗎？

無論過去、現在，我並非隨時隨地都表現勇敢。我甚至猶豫過是否該寫這一章，有人叫我不要把那些東西寫進去……但隨後，我想起若是一個人的心意出現動搖，這便是在告訴你應該要下定決心。現在，我可以誠實地說，關於將勇氣應用到現實生活此一永恆挑戰，我已經愈來愈得心應手。我一天比一天更能夠不去在意他人的看法。

我往前踏出步子的次數多過於把頭縮回去，寫作和出版這本書就是一個範例。而我仍希望我私下的生活和行為能以身作則，畢竟事實勝於雄辯。

我們不能繼續把勇氣視為只在戰場上或自由乘車運動時才會發生的事。還有勇氣也不單是不害怕你的老闆……或是真相。勇氣是遵循自己創作之路的決定，是劃下一道倫理的界線，是勇於遵從自己的本色，就算做個怪咖也無妨。勇氣是聽從自己的良心，不是聽從群眾，或你的父母。

勇氣也不單只是當命運召喚你登上世界的舞台時要做到這些。同時也要把勇氣變成一種習慣，如同我們前面談到的。日復一日，事無大小，都是實踐勇氣的機會。這樣一來，無論在哪個時刻、無論是誰在觀看、無論利害，勇氣的表現都能像呼吸一樣自然。

勇氣在召喚著每一個人，我們會回應嗎？又或者這可能一下子難度太高，我們能否練習回應，以便能愈來愈得心應手？

＊譯註：「取消文化」（cancel culture），這指的是網路上——尤其是社群媒體上，假設某名人發表了令人不快或不受認同的言論，網友就在網路上發起抵制，當事人可能會忌憚與論力量而噤聲或改變立場。

有沒有可能，我們挺身而出，回應勇氣的次數可以多過退縮回頭的次數？
不如讓我們從這裡開始。

萊恩・霍利得
寫於彩繪門廊書店
美國德州巴斯特羅普市，二〇二一

推薦閱讀

對大多數人來說，參考書目很無聊。但對於喜愛閱讀的讀者而言，這是最棒的部分。本書之所以能夠完成，多虧了許多了不起的作家和思想家的著作，這些書的數量多到幾乎難以列出完整的書目。因此，與其列出參考書目，筆者準備了一份完整的推薦閱讀清單，不僅本書的想法和概念出自其中這些偉大著作的影響，此外，我也會簡述我從中獲得的省思，以及為什麼讀者有可能對其有興趣的原因。如您有興趣獲得此推薦閱讀清單，請寄送電子郵件至：books@courageiscalling.com，或前往本網站：courageiscalling.com/books。我還會附上一些關於勇氣的名言給您。

能不能推薦更多書籍？

當然。您也可以訂閱我的每月選書通訊（現已進入第二個十年）。這份選書通訊的接收對象現已包含世界各地超過二十萬名讀者，並成功推薦超過上千本改變人生的書籍。ryanholiday.net/reading-newsletter。我將從十本我知道你會喜歡的精采書籍開始。

致謝

這本書寫於新冠肺炎肆虐最嚴重的期間，本書能付梓，多虧了每天勇敢站出來堅守崗位的各行各業人士，包括醫生、科學家、第一線工作人員、送貨司機、雜貨店員工，每個人各司其職，扮演好各自的小螺絲釘角色，讓大家安然度過疫情的大流行。當我談論勇氣時，我講的不僅僅是軍人，而是任何面對恐懼、困難、懷疑仍能堅持不懈的人。所有人都應對二〇二〇至二〇二一年期間每位英雄致上一份謝意，也應該趁著去年這個多事之秋，回顧與省思我們自己對社會共好和公益做出了什麼樣的貢獻。

我還要感謝我的妻子莎曼珊，她在我寫這本書的過程中不辭勞苦地支持和照顧我們全家。我也要感謝我的岳父岳母，他們讓我在夏天時把露營車停在他們家的車道上，並在我寫本書的第二部時幫我們看孩子。我還要感謝我的研究助理比利．歐賓海莫（Billy Oppenheimer）和瑞斯托．瓦斯里（Hristo Vassilev）、編輯尼爾斯．帕克（Nils Parker）、經紀人史提芬．韓索曼（Stephen Hanselman），以及 Portfolio 團隊成員：艾卓恩．札克罕（Adrian Zackheim）、妮基．帕波杜普魯斯（Niki

Papadopoulos）、史蒂芬妮・布洛迪（Stefanie Brody）、塔拉・基爾布瑞（Tara Gilbride）、梅根・麥柯爾馬克（Megan McCormack）。還要謝謝以下諸位給我的建議和提醒：馬提斯將軍、拉席卡將軍（General Lasica）、布萊利・史奈德（Bradley Snyder）、馬修・麥康納、我不知疲倦為何物的導師羅伯・葛林（Robert Greene）、史蒂芬・普瑞斯菲爾德。我還要謝謝我在美國服飾公司的老同事，為我寫作後記時提供了大量幫助，也要謝謝他們給我加油打氣，即使我過去應該還要表現得更加勇敢才對。

不只是這本書，事實上該說所有的藝術、文學、科技，要不是先有了無數世代以來的前人做出的犧牲和勇氣，不然是不可能實現的。對於這些，我們永遠無以回報，但我們能做的就是努力追隨前人腳步，靠著他們所帶來的啟發，用己身的行為向他們致敬。無論我是否有幸在哪一個領域做到了多少，我總是感激不盡。

國家圖書館出版品預行編目 (CIP) 資料

勇氣在召喚：幸運之神眷顧勇者／萊恩．霍利得（Ryan Holiday）著；尤采菲、李之年 翻譯
－初版．-- 臺北市：三采文化，2024.07
面； 公分．（MindMap268）
譯自：Courage Is Calling: Fortune Favors the Brave
ISBN：978-626-358-416-7 （平裝）

1. 心理勵志 2. 個人成長 3. 西方哲學

141.61 113006976

suncolor 三采文化

Mind Map 268

勇氣在召喚

幸運之神眷顧勇者

作者｜萊恩．霍利得（Ryan Holiday） 翻譯｜尤采菲、李之年
責任編輯｜張凱鈞
美術主編｜藍秀婷 封面設計｜方曉君
內頁排版｜中原造像股份有限公司 文字校對｜黃薇霓

發行人｜張輝明 總編輯長｜曾雅青 發行所｜三采文化股份有限公司
地址｜ 台北市內湖區瑞光路 513 巷 33 號 8 樓
傳訊｜ TEL: (02) 8797-1234 FAX: (02) 8797-1688 網址｜ www.suncolor.com.tw
郵政劃撥｜ 帳號：14319060 戶名：三采文化股份有限公司
本版發行｜ 2024 年 7 月 5 日 定價｜ NT$480

suncolor

suncolor